社区物业管理升级与服务业个性融合发展

新路径

北京互生经济学研究院课题研究办公室 编

中国商业出版社

图书在版编目（CIP）数据

社区物业管理升级与服务业个性融合发展新路径 / 北京互生经济学研究院课题研究办公室编 . — 北京：中国商业出版社，2019.3

ISBN 978-7-5208-0660-2

Ⅰ.①社… Ⅱ.①北… Ⅲ.①社区管理—物业管理—研究—中国 Ⅳ.① F299.233.3

中国版本图书馆 CIP 数据核字 (2019) 第 023127 号

责任编辑：孔祥莉

中国商业出版社出版发行
010-63180647 www.c-cbook.com
（100053 北京广安门内报国寺 1 号）
新华书店经销
北京彩虹伟业印刷有限公司印刷
*
700×1100 毫米　16 开　14 印张　246 千字
2019 年 3 月第 1 版　2019 年 3 月第 1 次印刷
定价：58.00 元
****
（如有印装质量问题可更换）

北京互生经济学研究院课题研究办公室
社区物业管理升级与服务业发展
课题编委会

主　任　何开秀

副主任　张　忱　张　英

统　筹　张　忱

委　员（按姓氏笔画为序）

　　　王　敏　朱　科　肖和斌　肖　萍　吴宏骏　吴家驹

　　　邹　鑫　秦　对

作者介绍

本书编委会主任何开秀教授是互生经济理论创始人、《互生经济学》著作人、中国杰出女企业家、北京互生经济学研究院院长、2015年度中国经济十大新闻人物，曾荣获《互生经济学》理论研究成果特别贡献奖。她带领参加本书编写的北京互生经济学研究院课题研究办公室社区物业管理升级与服务业发展课题组成员，对社区物业管理升级与服务业发展相关解决方案和模式应用问题，从2016年就开始深入市场进行有针对性的探究，并于2017年成立课题编委会，对阶段性的研究成果进行了系统性梳理总结，形成该书。

课题编委会成员根据所学专长，各负专项领域研究之责。

前　言

《中共中央国务院关于加强和完善城乡社区治理的意见》指出，城乡社区是社会治理的基本单元。城乡社区治理事关党和国家大政方针的贯彻落实，事关居民群众的切身利益，事关城乡基层的和谐稳定。推进物业管理升级与服务业发展，是国家立足于信息化和新型城镇化发展的实际，为提升城市社区管理服务水平而作出的重大决策。

随着我国房地产行业的大发展，与其相配套的物业管理也随之发展起来。人们选购房产的同时，一定会考虑能否享受到优质、高效的物业服务。科技水平的提高促使物业管理必然向着规模化、专业化、智能化的趋势发展。在这样的新形势、新情况下，物业管理企业又将何去何从？

我们知道，从互联网到智能化，人们的生活方式和创业就业方式已经发生了重大的变革，如何能够为居民提供更多的创业就业机会，满足智能化时代社区服务业的发展需求，为社区智能化的普及应用、社区居家养老、社区居家生活服务、社区精神文明建设等方面提供系统化的解决方案，是社区服务对物业管理公司的新要求。

为此，依据北京互生经济学研究院社区物业管理升级与服务业发展课题组的科研成果，和睦社区网络科技股份有限公司本着一心为社区居民生活提供完善的业务

社区物业管理升级与服务业个性融合发展新路径

服务，一心为社区居民提供智能化、专业化、分工明细的生活需求服务，一心以改善和提高居民生活条件、不断提供新服务为出发点，依托国家分享经济实施平台的技术支持，推出并实施物业管理与社区服务的升级实施方案，专为社区服务与物业管理公司量身定做了一套升级解决方案，主要解决以下几个问题：

第一，为社区物业管理能够适应时代需求拓宽升级空间，增加服务内涵，在满足社区居民需求的同时为社区物业创新收益来源。

第二，为生活类、养老类、大健康类、产品销售类、其他服务类的企业进入社区服务铺路搭桥，营造经营环境、提供技术支持。

第三，为服务业创新商业模式、探索创业路径、挖掘服务需求，改善行业用工机制，规范行业服务标准，降低各方风险，增加各方收益。

第四，为社区居民制造创业商机，增加就业机会，满足生活需求。

第五，为社区消费者带来消费福利，解决后顾之忧，营造和睦社区。

北京互生经济学研究院物业管理升级与服务业发展课题组经过多年的市场跟踪，结合目前国家宏观政策以及市场上的实际现状和新近推出的物业管理与社区服务的升级实施方案，从而编写了本书，把解决方案解读给大家，旨在为相关机构和人员用新思路、新方式、新手段提升城市社区管理服务水平做决策参考。

本书将从以下六个方面给予解读：

一、社区物业管理升级：社区物业管理升级是时代的必然趋势、用先进管理体系提高物业管理质量、智慧城市创建需要智慧社区、社区物业管理与服务业的融合发展前景、融合发展的延伸服务突破了社区创业就业瓶颈。

二、社区智能化：社区居家安全管理智能化、社区生活支付管理智能化、社区

Preface
前　言

预约生活服务智能化、购物消费服务智能化、消费福利管理智能化。

三、社区生活服务：社区家政全包服务、社区家政钟点工服务、社区家政专业培训服务、社区居家装饰修补服务、社区生活类项目延伸服务。

四、社区大健康：社区健康管理系统服务、社区医药销售服务、社区定期定点身体检查服务、医院预约挂号和陪护服务、康疗设备社区服务。

五、社区居家养老：居家养老产品智能化的支持服务、居家养老社区人工上门专项服务、社区居家养老外援对接服务、社区居家养老托管服务、大数据远程支持服务。

六、社区精神文明建设：社区文体活动组织服务、社区法务在线咨询服务、社区培训教育组织服务、社区政策宣传辅导服务、社会主义核心价值观教育服务。

物业管理涉及我们每一个社区，怎样提升物业管理的水平实现"去物业化"是我们每一个物业管理公司都想突破的瓶颈。提升社区服务水平，扩大社区物业服务范畴，建立与社区居民的融洽关系，增加物业管理的附加值是我们物业管理发展的方向。

希望通过我们的研究成果能够提升社区物业管理水平，推进社区物业管理全面升级，实现"去物业化"，为社区居民提供智能化、专业化、分工明细的生活需求服务，为社区居民提供更多的创业就业机会，通过打造和睦社区让社区居民共享社会福利、共享美好生活。

何开秀

2018 年 12 月 25 日

目 录
Contents

前言 / 001

第一章　社区物业管理升级　　/ 026

　一、社区物业管理升级是时代的必然趋势　　/ 026

　二、用先进管理体系提高物业管理质量　　/ 030

　三、智慧城市创建需要智慧社区　　/ 033

　四、社区物业管理与服务业的融合发展前景　　/ 038

　五、融合发展的延伸服务突破了社区创业就业瓶颈　　/ 041

第二章　社区智能化　　/ 049

　一、社区居家安全管理智能化　　/ 049

　二、社区生活支付管理智能化　　/ 051

　三、社区预约生活服务智能化　　/ 053

　四、购物消费服务智能化　　/ 057

　五、消费福利管理智能化　　/ 059

第三章　社区生活服务　／065

　　一、社区家政全包服务　／065

　　二、社区家政钟点工服务　／068

　　三、社区家政专业培训服务　／071

　　四、社区居家装饰修补服务　／073

　　五、社区生活类项目延伸服务　／077

第四章　社区大健康　／084

　　一、社区健康管理系统服务　／084

　　二、社区医药销售服务　／088

　　三、社区定期定点身体检查服务　／093

　　四、医院预约挂号和陪护服务　／099

　　五、康疗设备社区服务　／104

第五章　社区居家养老　／118

　　一、居家养老产品智能化的支持服务　／119

　　二、居家养老社区人工上门专项服务　／127

　　三、社区居家养老外援对接服务　／129

　　四、社区居家养老托管服务　／132

　　五、大数据远程支持服务　／136

第六章　社区精神文明建设　／142

　　一、社区文体活动组织服务　／142

　　二、社区法务在线咨询服务　／147

Contents
目　录

三、社区培训教育组织服务　　／151

四、社区政策宣传辅导服务　　／156

五、社会主义核心价值观教育服务　　／161

附录　媒体报道　／168

一、《中小城市绿皮书中国中小城市发展报告（2016）》：
　　 "互联网+"与"五众"　　／168

二、《中国改革报》：改革·发展·创新·转型"致敬改革开放
　　 40年推进农业农村现代化"研讨会在京圆满落幕　　／178

三、《中央电视台·对话中国品牌》：和谐互生　消费增值　　／180

四、《中国经济网·财经对话》：对话中国经济新模式　　／191

五、《中国经济网·财经对话》：互生模式　重构市场经济新动力　　／197

六、人民网："互生"为大众创业、万众创新提供新动能　　／201

七、央广网：何开秀：创新管理模式　引领经济转型　　／205

后记　／208

何开秀点题：

关于社区物业管理的升级

关于社区物业管理的升级问题，我分三部分来讲。第一，为什么社区物业管理需要升级；第二，为什么社区物业管理要与服务业融合才能发展；第三，社区物业管理升级与服务业融合的解决方案。

一、为什么社区物业管理需要升级

我从智慧城市建设、社区物业管理的机遇、生活服务业的发展趋势、创业与就业的方向、消费者的需求五个层面来给大家分析。

1. 关于智慧城市建设

智慧城市建设是贯彻党中央、国务院关于创新驱动发展、推动新型城镇化、全面建成小康社会的重要举措，是适应新时代新科技，满足市场新需求的具体措施。智慧城市不是简单的概念，而是非常具体的实施建设项目，比如城市智能化基础设施建设领域、城际高低航空发展建设领域、海底与地下的基础管道建设领域、大数据库环境建设领域、大数据智能应用的计算领域、城市智能化安防建设领域、城际智能交通枢纽建设领域、新能源智能化应用建设领域、城市环境智能化服务管理建设领域、个性需求智能化生产环境建设领域、医疗保障服务体系建设领域、社会养

社区物业管理升级与服务业个性融合发展新路径

老服务体系建设领域、数字教育建设领域、城市智能化应急处理建设领域、城市智能化物流管理服务体系建设领域、社会公共服务体系建设领域、社会公众福利保障体系建设领域、国家法律服务体系建设领域、政府政务服务体系建设领域，等等，都属于智慧城市建设的范畴，需要政府来完成顶层规划和组织基础设施建设，没有政府的顶层规划和基础设施建设是不可能快速实现这些目标的。除此以外，还有大量的延伸工程及产业链上下游的专项业务服务，比如各种专项业务的提供商就需要大量的第三方机构共同来搭建完成，通过专项业务平台来为社会提供专项业务服务，满足终端需求，让智慧城市智能化服务得以完美地体现。

智慧城市与智能化社区有什么关系？智慧城市的建设涉及多方面的主体，包括政府、底层运营商、技术解决方案提供商、硬件生产商、软件开发商、专项业务提供商及终端用户等，所以智慧城市的建设是政府、企业、老百姓共同携手努力才能实现的。而智能化社区是应用互联网、物联网、云计算、大数据、人工智能等信息技术，为社区居民提供各种智能化服务的终端聚集地。社区是智慧城市的重要组成部分，也是对智慧城市概念的继承、发展和实施。智慧城市发展离不开智慧社区的建设，智慧城市要成功运行必然依托智慧社区的建立。

智能化社区建设与社区物业管理又有什么关系？智能化建设植入社区服务，居民首先需要与社区的物业管理发生联系，这就给社区物业管理带来了新的挑战，但也是新的机遇。社区物业管理必须与时俱进升级服务，才能适应智慧城市发展的需要，才能满足智能社区服务的需求，这是社会进入高级文明发展阶段的必然所需。智慧城市建设的目的就是为人民创造美好的生活环境和提供智能化服务。通过智能化的普及应用来建立方便、快捷、安全、平等、规范的社会秩序，用科技智能化把人们从繁琐的劳动中解放出来，用科技来为人民提供服务，为人民谋福利。其具体体现：

①便民政务。便民政务是政府为社会提供办理各种行政业务的一站式服务体系，是为了提高各行政部门的审批效率，简化办事流程的便民工程。

②数字教育。数字教育是为完善教育体制改革而打造的教育服务体系，通过建

社区物业管理升级与服务业个性融合发展新路径

立教育资源共享数据库，汇集教学资源、教学课程、网上图书等，通过综合教育管理、远程教育技术支持以及共享教育应用的平台来推动教育事业的健康发展。

③ 医疗保障。医疗保障是构建全民免费医疗的服务体系，不仅要解决医疗技术、医疗机构问题，还要解决医疗费用问题。要实现13亿多人口的全民免费医疗保障不是一个小工程，需要建立个人健康档案数据管理共享中心，需要实现医疗专家的网上会诊和共享服务的技术支持，需要解决全民免费医疗的支撑费用。为此，要通过创建社会公共福利平台来实现科技红利惠泽于民的解决方案，通过公共福利平台建立医疗基金来解决部分免费医疗资金的来源，配合国家现有社会医保制度的报销差额进行补贴，实现免费医疗保障的过渡计划，为最终实现全民免费医疗保障探索新路径。

④ 公共服务。公共服务与政府的便民政务是有区别的，公共服务更应该是社会化的服务体系。建立公共服务必须要把政府的职能与公共服务的职能分开，培养社会自治的良好习惯，而不是一味地依赖政府，什么都要政府来做，政府成了保姆型的政府，这样的社会是依赖性社会，是不健康的社会。我们更希望通过一批有担当的企业来完成公共服务体系的建设，应用互联网大数据搭建一个完整的社会公共服务平台，把社会资源、企业资源、企业产品以及消费者和消费行为都纳入数字溯源管理服务体系，通过互源码溯源系统，来完成对各种资源服务的有效记录，全方位为社会提供科学的管理服务，用系统的标准化和格式化来建立社会的平等秩序，通过为企业提供正常的商业服务来完成公共服务平台的维护和社会福利的共享，最终实现社会有序的发展和有序的服务管理，建立起社会化的公共服务体系，为政府分忧、为企业解难、为人民谋福利，这也是建立公共服务平台的意义。

⑤ 智能环境。智能环境是在互联网基础上延伸到物联网的应用，通过智能化设备使人们生活服务完全步入智能化的环境。这需要社会全面参与和配合，特别是社区物业管理机构，是社区智能化发展的第一道门槛。智慧城市建设首先要从社区应用入手，社区发展一定是朝着网络覆盖化、系统集成化、设备智能化、环境生态化、

社区物业管理升级与服务业个性融合发展新路径

工作自由化、需求个性化、就业区域化、生活方便化、服务专业化的方向在走。社区的配套不仅是硬件配套，还需要软件配套。软件配套包括人力资源的意识形态和服务管理的模式，这些都要紧跟需求，所以，社区物业管理的升级已经成为必然选择。

我们知道，社会的发展将在不同的时代演变出不同的生活需求，特别是当下，当自动化、智能化、网络化、数字化、国际化、智慧化的发展已经普及到我们身边的时候，当我们的生产、消费、购物、交流、旅游、交友、娱乐、学习、工作等传统的生活习惯都在被科技优化的时候，我们的社区服务也就必须面临着升级。就拿社区安全管理和停车管理来说，过去是用人来看管，今天的社区已经进入全面智能化的管理模式，人脸识别、指纹识别、密码识别被广泛应用，监控镜头下让社区没有盲区和死角。停车管理智能化、进出缴费自动化都完全进入了智能化社区服务管理模式。社区物业管理与居民的生活联系非常紧密，智慧城市的社区智能化发展离不开社区物业管理的密切配合，社区物业管理的升级直接影响到社区智能化的普及程度。要满足社区居民生活科技化的各种服务需求，就需要社区的物业管理全面升级，只有这样才能实现最好的融合发展。

2. 社区物业管理的机遇

我想先讲现状和需求，再讲机遇。

一是现状，智慧城市智能化社区建设给社区物业管理带来了前所未有的机遇，同时也意味着挑战，因为社区物业目前的运营存在许多无法言表的尴尬局面，存在许多问题。比如，业主委员会与物业管理的矛盾、物业管理的创收影响了业主的合法权益、物业收费遇到的尴尬、物业管理用人成本高而无法满足业主需求的矛盾、物业管理的职责不清导致的误会等，这些问题都或多或少地影响着社区物业管理的正常发展。不少社区为了提升物业管理的水平提出"去物业化"发展计划，特别是社区经济生态环境比较完善的社区，有商超、集市、便利店、餐厅、学校、药店、医院、会所、健身房、家政服务等的优秀社区，已经开始向互联网移动服务迈进。但常常是花钱不少效果却不好，主要原因是缺乏有核心竞争力的商业模式，缺乏技

社区物业管理升级与服务业个性融合发展新路径

术人才，缺乏运营队伍，缺乏管理人才，缺乏市场推广。有的物业虽然具备了这些条件，由于操作不当，其业务可能已经偏离物业管理了，现实中很多物业管理都面临着这样的尴尬局面。现在很多行业平台都想进驻社区，社区物业管理眼看着自己的可塑资源被市场瓜分了却无能为力。有的物业为了提升小区服务品质甚至要花钱邀请行业平台入驻小区，用市场的话说叫"为他人作嫁衣"，自己却落得"把自己给卖了还在帮别人数钱"的下场。

二是需求，社区物业管理是社会分工的常态业务，任何时候都不可或缺，但是随着科技的发展，物业管理队伍也面临着淘汰与升级的问题。但如何升级、怎么升级、升级的方向等都是令物业管理机构头痛的问题。社区物业管理的升级不是要放弃物业管理，而是在做好物业管理的基础上，应用科技手段，充分挖掘社区资源的服务价值，在为社区居民提供更好、更方便、更精准服务的同时，也为物业管理创造更大的价值，这才是物业管理的需求。

为什么要通过社区物业管理的升级来推动社区服务智能化发展，有三个理由：

① 传统社区物业管理的发展出现了瓶颈，行业需要与时俱进，突破自己的发展空间。

② 智慧城市智能化社区需要搭建社区服务环境，社区智能化服务环境的建设为社区物业管理提供了最大的升级发展空间，能够为社区物业管理增添新的核心竞争力。

③ 社区服务业发展需要建立一套完整的社区服务管理体系，来支撑社区服务业的规范管理，落实便民服务措施，如果由社区物业管理升级来完成社区服务业的技术终端管理，就能使得物业既为社区服务业降低运营成本，同时也为社区物业管理拓展收益来源。

三是机遇，基于社区物业管理的业务特征和发展趋势，社区物业管理不仅只局限于房屋管理、房屋租赁、二手房交易、装修改造、社区家政等，还应包括社区居民的衣、食、住、行、用、文、教、乐、游等，只要是社区居民生活需要的服务都可以覆盖。这里需要强调一下，应特别重视社区居家养老服务、大健康产业链服务、农产品社区销售服务、社区快递配套服务等。总之，只有提升社区物业管理的服务内涵，才能更好地满足社区居民的生活需求，这也是带给社区物业管理的机遇。

3. 生活服务业的发展趋势

我从现状、问题、需求三个方面来简单分析。

先说现状，生活服务业包括的业务范围非常广泛，比如餐饮业、住宿业、家政服务业、洗染业、美容美发业、沐浴业、人像摄影业、维修服务业、再生资源回收业等。按照国家"十二五"发展规划中的规定，服务业包括商贸服务业、文化产业、旅游业、健康服务业、法律服务业、家庭服务业、育儿产业、养老服务业、房地产业等。然而这些服务业的发展在大数据和智能化全面普及的今天所面临的困惑又是什么？现在市场上感受最深的应该是外卖、网约打车，旅游、酒店、房屋租赁等单项业务的发展速度也非常快，在上海你不使用网约打车，在马路上等一个小时都打不到车；外卖也是非常普及的，足不出户在手机上什么东西都可以通过外卖配送，操作简单便捷；旅游、酒店也是在线就可以完成出行安排，非常方便。这些专项服务业的发展情况非常好，相比之下，社区家政服务、社区居家养老服务、社区大健康服务等社区服务业的情况就没有这么理想，在进入社区终端落地服务时还有一些瓶颈需要突破。大致有以下几个方面的问题：

① 社区服务业的发展参差不齐，虽说一些单项业务的平台发展已非常成熟，但更多的服务业务由于个性化成分高，很难进入标准化和规范化操作，由于单个企业开发的小程序很多，推广范围太小，服务的市场影响力不够，加上没有其他企业资源的积极参与，模式简单，缺乏粘性，导致发展前景不明，因此价值不大。

② 社区超市面临大型商超和电商的压力，生意难免清淡。

③ 生活服务业盈利模式单一，比如家政服务业的私下交易直接替代了公司的中间服务，彼此间矛盾突出。

④ 生活服务业管理模式落后，市场需求大，竞争也大，缺乏规范的管理和有序

社区物业管理升级与服务业个性融合发展新路径

的运营维护。

⑤ 消费需求无法快速、低成本地得到满足，市场进入纠结型的发展怪圈。

从这些问题中我们也看到了市场的需求：

① 需要能够全面满足社区生活服务业务的技术操作平台。

② 需要能够为生活服务业降低运营成本的技术支撑平台。

③ 需要能够帮助企业改善用工关系的格式化创业平台。

④ 需要能够整合跨行业资源实现资源共享的平台。

⑤ 需要能够为消费者谋福利，为企业创造更大价值的平台。

⑥ 需要能够规范行业服务、提供溯源服务、具备标准化管理的平台。

市场有需求，就一定会出现解决问题的方案，我们只是需要知道自己到底要什么，围绕自己的需求去寻找解决方案就不会找错，就怕不知道自己的需求是什么，一味地去追求赚快钱而找错方向，给自己造成损失不说还使得自己走偏。

针对社区物业管理的升级与社区服务业的融合发展，和睦社区网络科技股份有限公司推出的"和睦社区"服务平台，是专门为社区物业管理量身定做的升级解决方案，也是为社区服务业提供全方位管理服务和技术支持的专业平台。

4. 创业与就业的方向

创业与就业的目的都是为了赚钱，但是，创业创什么项目，就业做什么工作，我们需要知道方向，找准项目。我们先谈谈创业与就业的市场现状，看看需求，再来探讨解决路径。

在高科技、互联网、物联网、大数据、智能化、自动化快速发展的今天，我们的生活、工作、交流、交友可以说是全方位发生了改变。生产线上的工人很多换成了机器人，批发零售的商业形态已经换成了网购的外卖配送，在这些变革中，人们的工作也随着科技的进步在不断地发生着改变。大多数人的学习都停留在应用程序上，就是学着用，但都跑不过技术的升级，稍不留意就被科技的进步给抛弃，所以面对着变幻无穷的市场，很多人都不知道自己能够做点什么才更好。

社区物业管理升级与服务业个性融合发展新路径

  由于处在社会变革迭代时期，这给创业者们平添了几分风险。传统的商业模式已经被颠覆，新型商业活动增加了几分科技含量。互联网、物联网、智能化、自动化的操作需要有一个熟悉的过程，这对于已经养成习惯的中老年人来说的确需要一段适应的时间。所以，对新型商业环境下的创业者来说，"跟风"似乎成为最好的捷径。但新生事物的发展之路一定不平坦，探索者为了实现自己的愿望最后常常拼得遍体鳞伤，再加上有人利用人们的创业求财心切，设计骗钱把戏来蛊惑大家，使得创业路上乌烟瘴气、一地鸡毛也是司空见惯。学习总是需要付出学费的，不要只看见有钱赚就不过问钱是怎么来的，交了学费如果真能找到赚钱的路径也是值得的。

  年轻人的创业路径与中老年人的完全不同，这个时代是属于年轻人的，他们活泼，接受新事物快，富有想象力。面对互联网、物联网、智能化、自动化、大数据，他们会有无穷的想象空间。这是属于年轻人的世界，在这个群体里有不同的专业和不同的涉足层面，比如顶层设计层面、项目设计层面、技术开发层面、运营管理层面、经营层面、应用层面，不同的专业培养出满足不同需求的人才，他们更适应未来的发展。所以，如果我们不能够与时俱进，一味地墨守成规，不学习不进取，就有可能脱离时代的步伐而被抛弃。如果在探索的路上我们急功近利忘了初心，可能会背离自己的初衷，也会偏离航线。

  社会在朝着文明、科学、互助、友爱、担当的方向发展，我们也应该朝着这个方向去努力。我们有责任去创造一个良好的社会环境。有这样一句话我非常认可，叫"各人自扫门前雪"，每一个人把属于自己部分的环境卫生搞好了，这个世界也就干净了。创业者完善自我、塑造自我、创造自我，能够自我担当，才能有社会担当。

  我们再看就业市场，今天的工作难找很多是因为就业岗位的科技含量要求高了，创业项目的科技化自然需要高科技的就业人才，如果不具备相关技能，工作难找是一定的，从另一方面来看就是创业机构招人难，就业市场出现的这种尴尬局面需要一些时间来过渡。

  根据市场的实际情况和现在遇到的问题，我们重新来梳理创业与就业的需求，

社区物业管理升级与服务业个性融合发展新路径

看看我们应该怎样来适应。

① 首先高科技领域不是我们这里要讨论的话题，因为他们属于时代的创造者。我们只讨论普通大众的创业与就业问题。高科技的研究项目我们虽然不提，但高科技产品的应用项目我们应该掌握，哪怕是传统生意的服务模式也应该配置上高科技，具有科技含量，跟上时代的步伐和适应社会的发展。

② 创业与就业是完全不同的两种心态，我更建议大家用创业者的心态来对待就业。我们不要把一切压力都给到企业，如果企业压力过大，导致都不愿意创业，我们就不可能有就业机会。我们应该思考我能够为企业创造什么价值，我们都换位思考一下，如果你是企业你会怎样想。我们也知道企业与员工之间的关系是非常难处理的，所以需要突破雇佣关系才能协调合作。突破雇佣关系的难度在于创业与就业的观念上，如果我们能够用创业的思想来进行就业，用创业的态度来对待就业过程，就能够避免很多雇佣关系上的纠纷。要解决这个问题也需要改善我们今天的就业环境。如果我们把创业与就业结合在一起，实现无风险自由创业就业，同时满足时间自由、工种自由、收益自由，它既是无风险自由创业又是无时间限定的自由就业，这样或许能够满足一部分人的创业和就业需求。

③ 无论是创业还是就业，我们都喜欢做熟不做生，但今天的传统习惯已经被科技突破，所有熟悉的东西都被科技变得陌生了，这就需要我们自己与时俱进，首先要突破自己，接受新生事物，消除依赖习惯，改变自己的创业就业观念。如果我们没有能力引领市场趋势，如果我们不具备创新的能力，如果我们没有能力改变别人，那我们就改变自己，让自己来适应这个时代，从我们自己的需求中去寻找创业就业的新路径。我们的需求更多是来自生活中的服务，我们应该挖掘我们的生活服务需求，让我们的生活更加绚丽多彩，让生活服务变成人与人之间互相交流、互相关心、互相照顾、互相帮助的行为，让生活服务也成为我们创业就业的一条新路。

5. 消费者的需求

消费者最大的需求应该是"赚钱、解决后顾之忧、提升生活品质"，我们就围

社区物业管理升级与服务业个性融合发展新路径

绕这三个问题来分析。

对于大多数消费者来说，第一需求应该是赚钱。现在人们赚钱的方法很多，比如上班挣工资、兼职赚外快、创业做老板、投资理财、股票、国债、有多套房子出租，看着有很多方式，但对于绝大多数人来说只有一条路径，就是上班挣工资，其他赚钱的方式必须具备一定的资金实力，没有一些储蓄是不可能进入投资理财和股票行列的，所以我们就只谈上班赚钱的问题。

今天科技自动化已经把很多的大众工作替代了，而且替代范围还在继续扩大，除了工厂自动化生产线以外，无人超市、无人餐厅、无人售票、无人驾驶、无人培训、无人酒店、无人停车场，似乎什么都在无人化，这就给普通就业者带来了就业困难。没有就业又怎么赚钱，大家都涌向产品销售，可是互联网的电商销售导入的价格竞争模式已经把实体企业逼到了廉价生产的墙角，网上的直接销售已经颠覆了传统的批发零售，开玩笑地说，留给就业者的机会可能还剩下做"快递小哥"了。微商的出现给年轻人创造了通过手机操作就能够实现简单快速创业的机会，可是在欣喜之后我们发现，微商也是问题多多，假货、劣货、高价、欺骗现象频发，诚信问题再一次凸显出来。更麻烦的是微信的朋友圈和微信群，完全被广告给覆盖了，为了免受其扰，一些人不得已只能把微信设置为免打扰模式，甚至退群，市场热闹过后留下的总是一片狼藉。老百姓赚钱的路在哪里？挣不到钱就先省钱，省钱就少消费，尽可能不消费，当消费者不消费、控制消费、减少消费时，企业的产品又销售给谁，企业产品滞销，公司收益不好，员工工资就少，恶性循环就是这样开始的。在生产与消费不平衡的时候，消费越少投资就越多，产能越过剩，赚钱就越难，问题就越严峻，经济发展就进入了一个恶性的怪圈。工作不稳定赚钱没保证，银行房贷月月要供，上有老人要养下有孩子要育，手上就是有点钱也不敢用。所以要拉动消费还是需要把老百姓的后顾之忧和稳定收益问题解决了才有持续的后劲儿。怎样才能解决老百姓的后顾之忧？怎样才能实现老百姓的持续收益？国家提出要把科技红利惠泽于民，要彻底解决脱贫问题，要做到永不返贫，这是国家的承诺，这是共产党的承诺。

社区物业管理升级与服务业个性融合发展新路径

如何实现科技红利惠泽于民，我们还是要回到市场经济发展的路径中来寻找解决方案。我们都知道科技越发达，生产力越解放，生产自动化程度越高，释放的劳动生产力就越多，产量也越大，如果此时消费者不消费产品，企业的产品销售不出去，生产价值就体现不出来，所以实现产品价值的过程不仅仅是生产过程，还应该包括消费过程，消费才是实现产品价值的最后一道程序。我们可以这样理解，科技生产力替代了劳动生产力，但产品需要完成销售以后才能够实现价值，如果没有消费就没有完成产品的价值体现，产品如果销售不出去还有可能变成一堆没用的垃圾，只有把产品变成商品消费后，通过商品的价格才能计算出产品的价值，那我们就可以把消费看成是实现产品价值的"消费生产力"。当我们把消费转化为消费生产力以后，消费参与剩余价值的再分配就顺理成章。至于怎样计算消费生产力，怎样才能把消费转换为可计算的消费生产力，《互生经济学》已经给出了科学的计算方式。在互生经济理论基础上延伸出来的互生系统平台通过几年的不断探索，已经为市场提供了一套完整的底层支持系统，通过互生系统的数字编码应用，解决了企业产品的溯源管理，彻底终结了假冒品牌的问题，通过消费福利卡的积分通用，为消费者增加了一条消费赚钱的路径，再通过积分应用来完成消费福利保障和医疗费用的补贴，这样就实现了消费者越消费，消费者积分越多，积分福利就越多，实现医疗有补贴、养老有保障、月月收益有增加，一定程度上解决了消费者的后顾之忧，让消费者愿消费、敢消费、有钱消费，拉动企业生意，使经济进入正常循环发展的轨道。

消费者可以通过就业赚钱，也可以通过消费来增加一部分收益和解决后顾之忧，实现消费者想消费、敢消费、有钱消费以后，就会提升生活品质，我们的消费不仅仅是产品消费，生活服务类的消费需求也将有所提高，社区服务业就是直接满足社区居民生活服务的聚集地，社区物业管理公司是与社区居民联系最多的机构，只有升级我们物业管理的服务才能够适应和满足社区居民的生活需求，这是时代发展的趋势，也是社区物业管理需要升级的理由。

今天科技自动化解放了劳动生产力，通过产品消费过程实现了消费生产力，把消费生产力转换延伸应用，从而实现了科技红利惠泽于民，这就是在中国共产党英明领导下，国家惠民经济计划中"智慧城市"工程的一部分社会解决方案，为老百姓谋福利才是发展高科技的最终目的，也是中国共产党执政为民的重要目的。

二、为什么社区物业管理要与服务业融合发展

社区物业管理升级是自身发展的需要，物业管理是非常专业的行业，如果不与服务业进行融合发展，仅凭自己狭窄的业务范围很难突破升级，所以我们要知道融合发展的目的和意义，更要知道融合发展的方向和方式。

1. 融合发展的背景、目的、意义

在智慧城市智能化社区建设发展的大背景下，社区物业管理升级已经是势在必行，但物业管理为什么要与服务业融合，对于这个问题可能大家还没有明白其中的道理，因为这是两个完全不同的行业领域，虽然都在社区服务居民，但一个是强制服务，一个是生活自由选择性服务，业务内容不同、路径不同、服务模式不同，管理模式也不同，二者在社区承载的社会责任也完全不同。因为在智慧城市智能社区建设的工程中，要提升社区生活服务标准需要获得社区物业管理公司的大力配合，相互之间携手才能使社区服务业的功能得到发展，彼此间的融合不是仅仅只针对某一方有利，而是多方互利的需求。

融合发展的目的：

① 为社区居民提供更加完善的生活服务；

② 为社区居民创造创业机会和就业岗位；

③ 为社区生活服务业建立创新型的经营机制；

④ 降低行业经营成本和管理成本；

⑤ 为社区物业管理增加新的盈利点。

融合发展的意义在于规范服务业的行业服务标准，重构服务业的创业就业运营

管理机制，完善服务业的行业管理制度，提升服务业的服务品质。

2. 融合发展的方向

融合发展就是给各方都带来好处，这样大家才会融合到一起，如果不能够给大家带来价值，大家也无需考虑融合发展，所以需要从三个方向去考虑融合，即满足各方需求的方向，降低各方成本的方向，为各方提升价值的方向，只有围绕各方共同的利益才能实现融合共赢发展。

① 满足需求方向：首先要满足社区居民生活服务需求的大方向，深度挖掘居民生活方面的需求，扩大服务范畴，提升服务品质，创造创业商机，提供就业机会，还要满足社区服务业发展的需求，为社区服务业的经营管理牵针引线提供方便。同时满足社区物业管理升级的发展需求，扩大物业管理的服务范畴，建立规范的社区服务管理体系，共同携手完善社区服务业在发展中的不足，突破资源间的壁垒，建立统一、规范、标准化的社区服务管理体系，完成智慧城市智能社区的共享建设。

② 降低成本方向：降低成本不是要我们去打价格战，而是要建立一套服务标准化、价格透明化、分配系统化、服务责任明确化的社区服务管理模式，减少中间的不合理收费，明确收费标准和分配制度，避免恶性竞争和服务责任不明确的矛盾出现，为社区服务业的健康发展铺平道路。

③ 提升价值方向：包含提供市场需求的消费价值、业务服务的劳动价值、服务体系的运营价值、资源统筹的组织价值、项目监督的管理价值、技术支持的价值等，每一个资源都能够体现价值所在，融合发展的目的才能达到。

3. 融合发展的方式

融合发展的方式不可以千篇一律，必须根据资源的需求去量身定做，所以我们推荐几种方式，大家也可以继续创新，适合居民和时代需求的就是好的，创新永远不过时。

① 整合型。整合型体现在成行成市的概念上，传统概念有美食一条街、大商厦、综合服务楼、批发市场等，现代概念就是平台解决方案，无论是综合服务平台还是

行业垂直平台，都是资源整合的结果。

②牵手型。既是独立的经济体，又可以共享资源，可以分开或可以合作，比如你的顾客可以凭消费小票来我家享受优惠，传统模式也有机构这样合作，这种方案用平台技术来完成相对简单些。

③捆绑型。在同一个经济独立体系内捆绑型解决方案比较多，外部资源之间很难捆绑，利益分配不容易平衡，过程中很容易闹出矛盾。

④松散型。这种融合非常普遍，彼此借力，短期活动非常多。

⑤紧密型。这种紧密型模式目前在独立经济体之间很难形成，都不愿意把自己的资源提供给对方，同行业竞争，跨行业又不认识人，就是技术平台也没有完成紧密型的发展模式，因为只想自己赚钱，只想赚对方的钱，没有想过帮助对方赚钱，各方的格局不同，使紧密型的合作出现壁垒。紧密型的合作不仅是商家之间紧密合作，甚至是与顾客之间也要紧密合作才能实现真正的合作共赢。

融合发展在今天大数据时代非常重要，抱团取暖共图发展，取长补短，把自己的擅长垂直发展，用他人之长补自己之不足，这才是融合的根本。写到这里我想起一个故事，20世纪80年代深圳特区刚刚起步不久，我在深圳市旅游集团工作，全国各地的企业都想在深圳建立出口的窗口，内地企业到深圳需要投入的成本非常大，房租、人工成本都很高，而深圳企业有房子有人，就是苦于没有货。我看到深圳当时的纺织品市场都是进口布料，没有国产的棉麻毛布料，于是我走访了很多内地的纺织厂，抓住了他们的需求，帮助他们不用成本就可以在深圳建立出口样品的展销，免费提供仓库，免费帮助销售，只用出厂与零售的价差来结算，纺织厂在深圳展销不用一分钱就完全实现。我们有房子有人，就是没有资金没有货，用资金进货来销售风险太大，于是我就用我的资源来满足对方需求，彼此间形成合作，我没有投入一分钱的流动资金就组织了几个亿的全国棉麻毛纺织品完成就地批发零售，满足深圳市场服装厂的制服订单供货和市场零售需要，把彼此的生意做到了皆大欢喜。借这个故事就是想说融合发展是相互取长补短，我们不要被自己的短处阻挠了我们实现远大目标的步伐，要学会借他人之长补己之不足，携手共进取得共同发展。

三、社区物业管理升级与服务业融合的解决方案

就解决方案我分两个部分来讲，一个是实现融合发展的解决方案，一个是解决方案在实施过程中的不断完善过程。

1. 实现融合发展的解决方案

从五个方面来阐述：技术方面的融合解决方案、运营管理体系的融合解决方案、社区生活服务项目的延伸发展解决方案、终端服务的执业解决方案、满足顾客消费需求的解决方案。

第一方面，技术方面的融合解决方案，包括实现消费福利的技术解决方案、业务系统技术的融合解决方案、终端服务执业者的技术融合解决方案、监督管理机构的技术融合解决方案、税务处理技术的融合解决方案。

① 实现消费福利的技术解决方案。消费福利卡是互生系统平台推出的实现消费福利解决方案的应用工具，消费福利卡的解决原理是通过消费者消费时把商家给平台的交易服务费和促销折扣用积分的方式登记在消费福利卡上，通过系统的结算，把交易服务费和促销折扣按照积分比例结算到互生系统平台，由互生系统平台进入系统重新分配，平台把收益的50%分配到消费者的消费福利卡里，由消费者自己完成积分的使用。积分可以有两个用途，一个是直接转换成互生币在系统内流通消费使用，另一个是直接把积分投入到积分福利保障池享受后续保障。互生系统平台就是通过消费积分的延伸应用来构建一个社会化的公共福利平台，通过公共福利平台的延伸发展，在为企业拉动消费降低经营成本的同时，也为消费者实现二次分配和三次分配，增加消费者收益并解决后顾之忧。

② 业务系统技术的融合解决方案。该方案是由三大部分的分步实施来实现的。第一部分叫业务系统部分，该部分是由五大专业系统融合而形成的解决方案。这五

社区物业管理升级与服务业个性融合发展新路径

大专业系统分别是：消费积分系统、企业业务系统、行业管理系统、互源码溯源系统、积分结算分配系统。这五大专业系统的融合组成了一套完整的企业经营平台。第二部分叫公共福利系统部分，这部分因消费者的积分应用而形成，由积分保障系统、积分福利分配系统、免费医疗补贴系统、意外保障系统、兜底扶贫保障系统五大专业系统组成。第三部分叫积分投资系统部分，是按照分散投资、平均分配、死亡沉淀的原则建立的外围商业运营体系。三大部分由一前一后两部分的商业运营体系来维持一个社会公共福利体系，彼此间各尽其责，按照专业进行了标准化的分工。三大部分之间的系统功能像一个一个的齿轮环环相扣，相互作用、相互驱动、相互约束、相互配合、相互支持，为各行业企业的电商发展奠定数字识别的底层溯源支持，是互联网大数据时代必须具备的数字识别技术。平台的数字成员交易系统面向所有企业免费提供使用及特殊需求升级使用，全面开放平台接口对接，是一个为社会提供多方面服务的业务平台。

③ 终端服务执业者的技术融合解决方案。该方案是专门为社区服务业研发配置的终端接单操作系统，不仅具备各大系统的底层支持，还具备专业服务的操作系统支持，这套系统的应用将改变执业人员与项目公司的雇佣关系，把传统的就业通过系统应用变成了创业，把标准上下班变成了自由支配工作时间，把月薪制变成了时薪制，把固定收益变成了绩效收益，这样可以充分调动个人的积极性，发挥个人能力，激发个人的学习力和创造力，是大众无风险低成本创业的新机遇，也为项目企业减轻了人力负担和管理负担，处理纠纷的责任担当也从公司责任制过渡到执业人责任制＋公司责任制＋监管责任制的三方负责制。

④ 监督管理机构的技术融合解决方案。监督管理是在行业发展需求中设置的一个区域监督管理的专业机构，机构设置是根据业务流程中的技术支持、监督管理、项目公司、执业者分工职责来配置的，实现专业人做专业事，各负其责，相互配合完成各自职责。就好比生产线上的流水作业，我们也把服务项目按照管理环节进行流水切割，成为一个一个的责任体系，比如，监督管理机构的职责就是市场开拓、

社区物业管理升级与服务业个性融合发展新路径

团队管理、业务监督,一切围绕终端服务,只要终端服务发展好,顾客喜欢,执业者好,项目公司好,监督管理机构好,技术平台也就好,一荣俱荣,一损俱损。所以从技术开始,到市场开拓、项目管理、终端服务,大家都围绕一个目标就是:满足顾客需求。监督管理机构的技术融合是把所属管辖的业务系统进行管理权配置,通过管理权限来服务团队、服务市场、处理投诉、监督服务、管理项目,通过消费福利模式的植入来造福地方消费者,这是平台经济发展中非常重要的一点。所以,社区服务的监督管理机构在社区物业管理升级中扮演着很重要的角色。

⑤ 税务处理技术的融合解决方案。这个问题似乎有点超前了,但我们必须在系统里设置这个功能,时机成熟再启动也可以。现在国家实行的是企业纳税制,所以在税务政策没有走到这一步之前,我们还是按照现在的企业纳税制度来纳税。

第二方面,运营管理体系的融合解决方案,包括项目公司的业务融合解决方案、运营与监督管理的融合解决方案、职业培训与投诉处理的融合解决方案、创业与就业机制的融合解决方案、跨社区服务与区域管理融合解决方案。在这里我们就围绕社区物业管理升级和社区生活服务业来阐述运营管理体系的融合方案。

① 项目公司的业务融合解决方案。项目融合分三个方面,第一个是社区服务业的项目公司在设置服务范围时可以跨越服务内容。第二个是项目公司的服务区域可以跨社区选择。第三个是执业者的执业服务可以跨公司合作。

关于社区服务业的项目公司在设置服务范围时可以跨越服务内容,就是指企业可以通过业务系统的服务科目设置来选择公司服务的内容,组织相关的业务培训和团队建设,特别是针对一些冷门手工技术的业务服务可以扩大培训教育面,让执业者能够获得更多的技术培训和项目培训,让更多的人参与到个人创业的行列中来。

关于项目公司的服务区域可以跨社区选择,这个就是根据项目公司自己的业务组织能力来选择服务范围和服务区域,系统完全采用自由选择的方式完成项目服务的配置,可增加可减少。

关于执业者的不同业务可以跨公司合作,终端服务是服务平台的核心,终端服

社区物业管理升级与服务业个性融合发展新路径

务存在双边需求的满足,一个是消费需求的满足,一个是工作量的满足,没有消费需求就没有工作量,终端创业者就没有业务,整个链条上都没有交易就没有收入。所以根据个人的时间安排、技能特长、交通方便,可以自由选择项目公司的服务业务和服务范围,但在同一个区域的同一项业务不可以跨企业服务。

② 运营与监督管理的融合解决方案。从社区服务业和社区物业管理的关系在传统概念上可以说是各自为政,各有各的业务,各有各的模式,各赚各的钱,彼此间很难融合在一起。但在互联网第三方服务平台出现的今天,打破了两者之间的界线,三方机构彼此之间的资源被重叠挖掘,都在相互竞争、相互争夺、相互影响。怎样才能让三方关系和睦,更好地发挥三者在市场上的作用,形成三方互助携手共享资源,形成互助合作的形态来共创佳绩,在此就需要把三方机构整合在一个服务平台上,建立分工合作的共享模式,按照技术支持、市场推广、监督管理、项目运营、终端服务进行融合捆绑,把业务流程进行格式化分工,由技术支持机构负责平台技术支持,由资源优越的机构来完成市场的推广工作,把社区物业管理升级并完成监督管理,由服务业的项目公司来完成社区服务的项目开发,由社区创业者来担任社区执业者,各负其责,各就各位,目标统一,收益共享。

③ 职业培训与投诉处理的融合解决方案。社区生活服务业的专业培训是项目公司标准化操作的基本要求。如何挖掘服务需求、规范服务标准、培训服务流程、落实执业责任、健全投诉处理制度、完善监督管理机制,是社区服务融合发展的融点。我们通过项目公司来完成社区服务的业务挖掘、培训、经营,通过社区物业管理来维护社区服务的环境建设,监督服务的健康发展,督促投诉处理的快速完成,协助项目公司执业者的社区团队管理,为社区服务执业团队降低创业成本,形成互助合作共创佳绩的协作融合,实现共赢。

④ 创业与就业机制的融合解决方案。创业与就业是两种不同的角色,创业走的是合作模式,就业走的是上班模式,不同的人有不同的需求,但对于企业来说,不管是走创业合作模式还是走就业上班模式,平衡企业用人成本才是重点。员工希望

社区物业管理升级与服务业个性融合发展新路径

多拿点工资，企业希望平衡用人成本，所以绩效工资是企业常用的促工制度。如何才能满足双方各自的需求，建立双边互利关系，为企业平衡用人成本，为创业就业者创造更大的收益是我们在融合中需要兼顾到的。

我们根据就业与创业的特性，把两种角色进行互补结合，采用自由选择型的就业模式来实现创业突破，达到创业的工作状态，规避创业的风险，满足自由的上班工作时间，选择自由的工作项目。把企业的项目经营规划放到组织培训、开拓业务、团队管理、处理投诉、研究需求等工作重点上，把终端服务工作采用创业模式，交给执业者来完成，按照服务项目计算报酬，自由选择服务时间、服务项目、服务顾客，把就业服务工作模式融合成创业服务工作模式，把月薪制变成了时薪制，把固定的工资变成了全面绩效工资，多劳多得，自由发挥，没有上班时间限制，没有经营风险，自己为自己创业。企业只需要设置好各方利益的分配，让系统来支持企业的运转。这样一来，创业与就业机制的融合就把社区居民的闲置时间、碎片时间都可以利用起来参与创业，特别是在家生二胎的妇女，可以应用社区服务的创业机制在家在社区就可以创业赚钱了。对于农村的农闲劳动力也可以进入社区参与创业服务，这样可以大大地调动社区创业就业的活力，满足社区居民的生活需求，提高我们大家的生活品质。

⑤ 跨社区服务与区域管理融合解决方案。跨社区服务就是指社区服务的项目公司和创业者都可以跨越社区进行服务业务的选择。我们建立社区服务平台的目的就是要升级社区物业管理和促进社区服务业发展，激活社区创业就业机会，让社区服务业为我们社区居民提供更多更好的服务项目。每一家社区物业管理公司都是本社区服务平台的管理机构，监督和维护着本社区服务业的发展，为了更好地满足社区服务的需求和扩大创业商机，允许项目公司和社区服务执业者跨社区接受服务业务选择，但需要进入系统完成规范设置，在就近原则下开展社区服务业务，创造更大的经济效益。

第三方面，社区生活服务项目的延伸发展解决方案，包括社区家政服务业的延

社区物业管理升级与服务业个性融合发展新路径

伸项目、社区大健康产业的延伸项目、社区居家养老业的延伸项目、社区智能化环境建设的延伸项目、社区精神文明建设的延伸活动，等等。不同的时代演绎出不同的生活需求，我们现在是无法全面设想未来的，但只要能够做到与时俱进不断挖掘需求，就会有不断的创新业务和升级空间，也就有不断的商机出来。

我们简单来分析一下产业延伸吧。

① 社区家政服务业的延伸项目，比如社区家政全包服务、社区家政钟点工服务、社区家政业务的专业培训业务、社区居家装饰修补服务业务、社区生活类项目延伸服务业务，以及为服务业提供再服务的业务。如何为家政服务业打开方便之门并降低服务成本和消除消费者麻烦等，都具备延伸发展的空间。比如住家保姆问题，我们很多顾客需要请家政服务，但是不愿意让家政员工住在家里，条件问题不说，主要是不方便，如果在小区有专门提供家政服务员工住宿的服务，满足了执业者的住宿问题，降低了家政服务成本，还可以为多家服务，更适合大多数家政需求者的需求，皆大欢喜。

② 社区大健康产业的延伸项目，比如社区医药销售服务、社区健康管理系统服务、社区定期定点身体检查服务、医院预约挂号和陪护服务、康疗设备社区服务等也都有延伸发展空间。未来大健康产业非常重要，身体健康是一切的基础，没有健康的身体就没有一切。健康需要健康的生活模式、健康的生活习惯、健康的生活环境、健康的产品、健康的饮食习惯、健康的作息习惯、健康的医疗条件、健康的文化氛围、健康的人生价值观，这些都是未来人们的最大需求，也是巨大的商机。

③ 社区居家养老业的延伸项目，比如居家养老产品智能化的支持服务、居家养老社区人工上门专项服务、社区居家养老外援对接服务、社区居家养老托管服务、社会养老服务、社区居家抱团养老协调服务、消费福利养老服务、大数据远程支持服务等都充满商机。我们一直有一个延续了几千年的传统叫养儿防老，只是因为社会发展到今天已经发生了很多改变，智能化、自动化、互联网等已经把我们带进了新科技文明时代。我们的住房环境、劳动就业方式、家庭组织方式已经打破了传统

社区物业管理升级与服务业个性融合发展新路径

家族发展模式。如果我们还是继续依靠延续养儿防老的单一模式，是不是给孩子们的压力会很大。现在都是独生子女，一对夫妻最多要面对12位老人，每天一个都照顾不过来，不要说还有自己的工作，还有下一代子女需要培养，我们需要多维度思考人类的未来发展，不能够只顾及眼前。所以，我提倡社区居家抱团养老，让社区服务来完成社区养老的照顾问题，加快消费福利养老服务体系建设，提倡社会养老院服务等。养老问题将延伸出很多服务项目，是未来一段时间内最大的需求，我们可以充分挖掘这方面服务内容，在满足市场需求时获得商机。

④ 社区智能化环境建设的延伸项目，比如社区居家安全管理智能化、社区生活支付管理智能化、社区预约生活服务智能化、购物消费服务智能化、消费福利管理智能化等。其实这些智能化现在都已经在发达的一二线城市普及开了，而且普及的速度非常快。40年前我们怎么也想象不到今天的中国是这个样子，同样我们无法知道30年以后的未来中国是什么样子，变，永远是一个不变的话题。我还记得我小的时候外婆常给我讲的千里眼、顺风耳的故事，今天的电话就是顺风耳，电视就是千里眼。更多的高科技产品已经把我们的生活完全智能化了，声控技术、刷脸技术、指模技术、密码技术等，我们想都想不到的技术已经在我们的身边无处不在，不管你要不要、懂不懂，它都在为我们提供服务。

我们生活在人类历史上最伟大、最发达的时代，我们见证了科技自动化、机械化把人类从繁重的苦力劳动中解放出来的伟大，我们见证了科技智能化给人们带来的轻松快乐幸福的生活方式，我们见证了由于生产力的解放把人们的收益从劳动生产力过渡到消费生产力进而实现消费福利的时代，未来更大的幸福将从国家提出2020全民进入小康社会开始，从扶贫脱贫到永不返贫开始，我们已经进入新时代，在这个伟大的时代我们要好好地生活，为提高我们的生活品质而深入挖掘生活需求，充分掌握智能化的应用，从而无愧于这个伟大的时代。

⑤ 社区精神文明建设的延伸活动，比如社区文体活动组织服务、社区法务在线咨询服务、社区培训教育组织服务、社区政策宣传辅导服务、社会主义核心价值观

社区物业管理升级与服务业个性融合发展新路径

教育服务等。当人们进入基本生活已经无忧的小康社会以后，后顾保障也已经完善，就要追求有品质的生活，高品质的生活标准不只是解决了后顾之忧，也不只是不愁吃不愁穿，而是需要提升人生价值观的问题。否则，我们在满足物质文明以后不把精神文明提升上去，我们就会无所事事，社会精神颓废问题就会出现。所以我们必须对精神文明建设引起足够的重视。我们不能等出了问题才去思考怎么办，我们要把精神文明建设贯穿到平时的社区服务和社区文化建设当中，植入到人们生活习惯当中，植入到社会服务当中。在精神文明建设的过程中，法制观念需要加强。有很多人有一点小钱就不知道自己姓什么了，开着小车对着窗外吐痰丢垃圾不脸红，雨天驾车对路人没有半点体谅，还恶意快速驾车溅路人一身泥水，上街走路跟螃蟹一样横着走从来不考虑别人，旅游购物像打劫一样放抢，吃饭像饿死鬼一样搞得满桌狼藉还浪费，说话像吵架一样没有涵养，接电话像广播一样高声喧哗，吹牛满嘴胡说八道，评价人不了解事实真相却添油加醋、造谣生事以此抬高自己，关注低级趣味的东西跟苍蝇一样生怕漏掉机会，正能量的文章不看，政府政策不懂，歪门邪道的东西却津津乐道。思想观念也非常扭曲，笑贫不笑娼，只要给钱下跪磕头叫什么都可以，好心人被欺骗利用，善良人被恶人欺负，慈善事业也可以当生意来做。这些问题看似个人小毛病，但是多了就是社会问题，影响国家的未来发展，影响整个民族的思想健康，影响社会风气，最后影响的还是我们自己。

第四方面，终端服务的执业解决方案，比如项目公司与终端服务执业者之间的关系，执业者上班时间的自我把握，执业者服务区域的自由选择，执业者的社保缴纳，年休假问题的自我调整等。当我们把终端服务的执业者按照创业模式来设置时，我们会发现很多问题都能够得到缓解。因为生活服务业的个性化空间比较大，无论是需求方还是供应方都带有个性成分，所以生活服务类的公司在人员管理上遇到的问题相对比较多。比如上班时间问题、工作地点问题、交通成本问题、待遇问题、社保缴纳问题、年休假问题、投诉问题等。如果按照就业模式来配置这些问题很难解决，按照创业模式来配置就很好解决。创业模式把项目公司与终端服务执业者之间的关

社区物业管理升级与服务业个性融合发展新路径

系变成了合作关系，创业者在工作的时间上是自由安排的，可以根据自己的方便来安排执业时间、执业区域，社保缴纳可以根据自己的收益情况而定，也不存在多少问题，年休假自己根据自己需求来安排，这样自由空间大，服务矛盾就会减少。创业模式与就业模式之间的障碍是观念，而行业发展中遇到的问题更多的应该是信息对称和诚信监督。如果我们能够提供畅通的信息资讯，创业者能够即时掌握市场需求信息就能够马上对接服务，如果有诚信体系在支撑着创业者服务，创业模式一定比就业模式走得更适合市场需求。企业要做的事是服务需求的规范操作、专业培训、处理投诉、团队管理等。把服务收益的60%以上分配给终端执业者，余下的40%用来配置给项目运营公司、社区服务监督管理机构、技术支持机构、国家税收、消费福利等，在为创业者提供创业机会的同时也降低了项目公司的风险，同时在社区物业管理升级服务的监督和支持下，实现了全方位的合作共赢。

第五方面，满足顾客消费需求的解决方案，满足消费者需求的要素是由方便快捷、选择性强、服务质量好、价格合理、可靠可信、有完善的监督管理机构来把关，投诉有处理，后续有保障。但消费者必须要知道，当我们一味地追求廉价的时候一定没有好货，一分价钱一分货是一个硬道理，当然贵不一定有好货，但便宜一定没有好货。为什么现在我们害怕消费，就是因为一味地追求廉价，大家都要便宜，企业就只能够生产便宜货，生产便宜货也是市场需求给逼出来的结果，最终还是损害了消费者自己的利益。所以规范市场价格行为，规范品牌要求，规范渠道建设势在必行。

随着自动化、智能化、互联网、物联网等的普及，就业难让消费者产生了赚钱难的危机意识，消费更加谨慎，企业生意更加难做。国家提出走分享经济发展之路，分享经济不仅仅是资源分享，设备分享，还有利益共享。让消费者在消费产品的时候，在实现企业产品价值的时候，也为自己创造消费福利，这样才能实现消费者想消费、敢消费、有钱消费。如何实现这样一套完整的解决方案，《互生经济学》已经给出了答案，而且和睦社区网络科技股份有限公司推出的社区服务平台基本实现了社区服务的全面应用，同时市场上还有很多类似的业务平台也在给大家提供技术应用，只是需要我们自己来选择。

2. 解决方案在实施过程中的完善

① 系统升级的完善。系统的设置不是一步到位的，需要在应用过程中不断完善、不断升级、不断调整，沉淀一定的时间才可以成型。我们不要过于紧张，更不要见风就是雨，需要有一点耐心和信心。过程中有问题出现时需要全方位思考和评估，完善业务需求才能够按照需求来调整系统设置，有些可能很快完善，而有些则需要的时间会长一些，甚至有些还迟迟得不到调整，原因很简单，各自所处的角度不同，任何一个新生事物的诞生都需要一个从不可能到可能，从不相信到相信，从不完善到完善的过程。

② 项目服务标准化的完善。我们的社区物业管理与第三方平台和生活服务业之间从过去的井水不犯河水到今天抱团发展，成为一家人，形成一荣俱荣、一损俱损的关系，过程中肯定需要有一个磨合的过程，只要大家心往一处想，劲儿往一处使就没有解决不了的问题。执行过程中的标准化建设很重要，它是彼此合作执行的原则，同样也需要一些时间来完善。特别是服务业的行业执行标准非常重要，是需要服务业的项目公司严肃认真对待的事情，标准化制度的完善是项目落地服务执行的依据，从团队培训到执业者操作，从执业者服务到消费者体验，从管理者监督到投诉者投诉理由，都将围绕服务标准来执行，所以对社区服务业的执行标准必须给予重视和不断加以完善。

③ 创业培训的完善。社区服务业看似简单的服务工作，其操作流程并不简单。很多人都觉得服务业大多属于家务活，在家都做了一辈子，还有不会做的道理，其实完全不是这么一回事。就拿打扫卫生拖地来说，不同的地面就有不同的打扫方式，水泥地面、釉面瓷砖地面、粗面瓷砖地面、木地板地面、胶地板地面、化纤地毯地面、羊毛地毯地面、花岗石地面等，不同质地的地面必须要用不同的打扫方式和流程来完成打扫，所以标准化的服务流程是必须的。服务内容需要根据时代发展而不断完善。智能化设备的应用程序也是家政服务培训的范畴。我们的培训工作不仅仅是培训服

社区物业管理升级与服务业个性融合发展新路径

务业务的操作流程和居家设备的使用，更要培训服务意识和服务责任。提升服务品质首先要有服务责任心，工作不分贵贱都是社会分工的需要，没有服务责任心永远做不好服务工作。

④ 管理服务的完善。社区服务业与社区物业管理成为合作关系以后，组成了一组运营服务与监督管理的职责职能关系，不是上下级关系，而是职责职能之间的关系，在经济关系上彼此之间没有利益冲突，只有利益共享，只有共同协助社区服务业落地服务，为创业者赚到钱，项目公司和物业管理的监督管理才能赚到钱。创业者没有钱赚，项目服务公司和物业管理的监督管理机构也没有钱赚，形成了共荣共损的关系链，如果出现问题彼此间都要各自承担各自的责任，因此，完善管理服务体系需要多方密切配合协作才能够完成。

⑤ 国家政策支持的完善。市场永远走在政策的前面，探索成功之后国家才能根据实际情况给予政策支持和进行普及推广。我们要有为国家为社会探索社会问题解决方案的责任心，社会发展需要企业在前面开路，政府维稳。我们不能本末倒置，过度依赖政府要这样要那样是不行的，政府的责任是宏观政策的把控，方向的把控，社会安定的维稳把控，经济风险的把控。回头看看，我们今天基本上什么事情都要依赖政府来完成，政府成为保姆型政府，有没有想过政府依赖谁？就好比一个家庭，儿女依赖父母习惯了，到30岁自己成家立业了还要依赖父母，我们都叫他们是啃老族，我们都将心比心、以心换心地去换位思考一下吧。我们希望全社区行动起来，用我们自己的消费把福利捡起来，建立我们的社会公共福利平台，为国家分忧，为企业解难，为我们自己谋福利。只有行动起来，参与进来，消费积分捡起来，构建自主的生存、养老、免费医疗补贴计划的社会化保障机制，我们的未来才能自己做主，才能拥有美好的生活。

第一章

社区物业管理升级

加快社区物业管理提质升级，是实现物业管理服务水平提质增效的重要举措，是推动物业服务产业持续健康发展的重要途径，是保障和改善居民生活品质稳步提升的重要手段。《国务院关于深入推进新型城镇化建设的若干意见》和《国务院办公厅关于加快发展生活性服务业促进消费结构升级的指导意见》明确提出了培育专业化市场主体，推动物业管理等生活性服务规范化、标准化发展的新部署、新要求。当前，经济社会发展呈现出更多依靠消费引领、服务驱动的新特征，加快发展生活性服务业是推动经济增长动力转换的重要途径。

一、社区物业管理升级是时代的必然趋势

社区物业就是社区物业管理行业，在过去被视为房地产行业的衍生产业，定位是为业主提供附加值的传统服务业，盈利模式单一。在移动互联网以及大数据技术创新的推动下，社区物业被赋予了新的定义，成为连接服务业和家庭式集中消费群体的主要枢纽，无论是从商业定位、盈利模式，还是社会价值上都迎来质的飞跃，伴随着互联网的技术支持发展，这个行业将会成为第三产业的"航母"平台。社区

社区物业管理升级与服务业个性融合发展新路径

物业管理事关城市长远发展和群众切身利益，工作覆盖面广，推进难度大，在城市管理中的作用日渐突出。加强社区物业管理，有利于持续改善市民的生活环境，有利于增加就业岗位、维护社区秩序、营造和谐宜居的社会氛围。深入开展社区物业管理提质升级工作是落实城市工作会议精神、提高城市宜居性的重要举措，是改善群众住房条件、优化人居环境、提升城市管理水平的重要内容。

1. 社区物业面临不得不升级的抉择

在过去20多年里，我国社区物业一直依附于房地产行业发展，随着房地产行业发展日渐成熟，作为房地产后续服务阶段的社区物业也深植于消费者的生活当中，逐渐成为购房时需要理智思考评判的因素。今天的社区物业处于科技创新的井喷时代，市场转型呈现常态化，行业环境正被迫发生着巨大变化，表现为：其一，传统社区物业正从房地产行业的附属产业演变成日益完善的独立产业，并逐渐成为业主选择房产的重要因素，随着市场对房地产的需求日渐饱和，社区物业的同行竞争愈演愈烈。其二，移动互联网已经改变了人类的沟通方式，将会进一步影响人们的生活状态。由于社区是较为封闭的生态空间，在移动互联网快速渗透其他服务业后，社区物业这个与人打交道的行业将是移动互联网大军占领服务业的最后一块处女地。其三，社区物业当下的情形可谓是内忧外患，与其等待被改变何不自我革新。要想使得这个行业不被淘汰，必须借鉴互联网思维，基于自身优势进行升级转型。其四，在房地产市场逐步饱和的大背景下，为了提高附加值，很多房地产公司着力打造社区物业，树立品牌优势，促使社区物业也逐渐变得更规模化、区域化、专业化、智能化，成为了一个独立的产业链，其发展方向产生了更多的可能性。其五，我国以城市群为核心的空间发展格局已基本形成，其衍生了巨大住房与物业的需求，不仅为社区物业创造了空前的发展机会，也导致社区物业竞争越来越激烈，展开了跑马圈地、大鱼吃小鱼的市场角逐。其六，2017年，全国百强物业企业管理面积均值达3163.83万平方米，同比增长16.1%，呈现加速扩张态势，排名十强的物业企业管理面积均值是百强物业企业均值的6.82倍，百强物业企业超过60%的管理面积位于

社区物业管理升级与服务业个性融合发展新路径

长三角、珠三角、成渝、长江中游及京津冀，分布比例分别为20.14%、12.77%、11.52%、8.32%以及8.23%。由此可见，社区物业的主要市场集中在较为发达的一二线城市，在这块千亿级的市场蛋糕中，社区物业又占据着消费者一公里生活圈的地理优势，将会成为物业行业内争夺的焦点。

2. 传统社区物业的问题与弊端

传统的社区物业管理过程中存在许多不足，主要还是由于自身运营模式的缺陷造成的局限，急需改正完善。常见问题有：（1）业主委员会被控制，成为少数业主牟利的工具，影响社区物业的口碑。有些小区的业主委员会利用对社区物业签约权的控制，在小区公共空间中划分出个人或少部分人使用的空间，甚至有的还把这些空间出租进行牟利，这些行为将严重影响大多数业主的服务体验，社区物业需要重视大多数业主的知情权。（2）物业企业运作不规范，损害业主的合法权益。由于业主委员会没有成立或者物业与小区的业委会结成利益同盟，使得业主根本无法通过民主方式来罢免管理不规范、服务不到位的小区物业管理单位，这就使得物业与业主间纠纷不断，小区陷入"不交物业费，服务水平下降，更不交物业费"的恶性循环。（3）物业费、水电费用欠缴情况普遍，物业管理难以为继。一是开发商遗留问题未解决，导致物业收费困难。比如开发商产权证办理滞后，小区的基础设施、设备配套不到位等原因。二是社区物业管理存在的问题，比如安保、保洁、停车管理不到位，公共部位管理、使用不到位，甚至邻里间装修、房屋使用不当等，都会成为不缴物业费的原因或借口。社区物业需要在不断提升服务质量的同时，创新盈利点，增加收益渠道。（4）物业管理公司税负重，运营成本高。物业管理是一个劳动力密集型的行业，无论是安保还是保洁、绿化、楼管都需要人去操作，这直接导致了物业管理要保持一定的服务质量和水平，就必须保持有一定的人员配备。用人成本是社区物业的重要问题，这是"去物业化"的主要原因。（5）原有社区物业被业主联合取代。在有的社区中会发生一种现象，几个业主联合起来组织其他业主抵制原有物业公司，然后自己成立物业公司进行社区物业服务，这种现象出现的根本

社区物业管理升级与服务业个性融合发展新路径

原因在于传统社区物业的服务项目对业主已经不具备必要性，并且太依赖于地理优势。传统的社区物业从运营模式上看是典型的劳动力密集型行业，在人口红利逐渐减速增长的大趋势下，传统社区物业的弊端逐渐暴露，所以从自身的传统业务完善上来看，重要的是角色的定位，到底是应该在房地产行业的衍生模式下继续被动地跟进补充服务体系，还是要跳出固定思维，变成具有创新延展的开放式平台。

3.社区物业逐步变成充满竞争的平台

在社区物业的争夺中，除了物业行业内的竞争，互联网平台已经开始瞄准了社区物业的服务项目。在移动互联网时代，"去物业化"趋势越来越明显，社区物业公司对社区过去垄断式管理正不断被移动互联网力量所分流，很多社区O2O绕过社区物业直接对业主提供各种到家、上门服务，而很多社区物业依然停留在传统单一的运营模式当中，还没有察觉互联网跨维度的竞争。由此下去，社区物业很可能失去享受家庭式消费这波巨大红利的机会。在过去，社区物业全权负责社区的治安、维修、保护环境卫生、看管公共空间、催缴物管费用、登记房屋入住情况、监理装修施工等。现如今，在移动互联网时代，每个消费者随时都有可能被一个O2O软件"抢走"，更可怕的是很多社区O2O项目在设计运营模式时，不会考虑从社区物业公司的合作切入，而是直接通过手机APP与社区的业主产生粘度，建立自己的会员体系、服务渠道，对传统社区物业造成了跨界打击。比如以下总结的常见模式：（1）房屋租赁、二手房交易大多是由业主与房产中介公司经纪人单线联系，而各大房产中介门店就在社区门口扎堆，另外还有一些移动互联网中介平台整合社区闲置资源后统一装修，然后直接通过APP对接消费者。（2）装修改造周期长、涉及环节多、材料多，业主没有时间全程跟进，而很多装修公司监理容易出现偷工减料项目，促使产生了第三方的家装O2O平台，甚至有的装修公司通过自主搭建APP平台为业主提供24小时会员家庭维修服务，而这本来应该是社区物业的业务范畴。（3）家政服务中的搬家、保洁、家电清洗、家居保养、保姆、搬家、开锁等业务本是社区物业服务的强项，但O2O平台提供上门服务，用户逐渐开始流向移动互联网平台，通过手机找家政服务，而不是找社区物业。（4）垂直的O2O项目以单品切入社区市场，同时招募社区闲置劳动力共同管理，做社区共享经济。（5）社区无人O2O系列，比如无人超市、无人收费站、无人快递收发箱等。由此可见，社区物业不能再故步自封，唯有主动将自己变成开放式的平台，与传统社区物业形成维度落差，拉开服务项目横向的距离，站在打造全域智慧社区生态的高度来与社区O2O竞争或合作，只有提升了企业的战略高度和格局定位才有机会涅槃重生。

二、用先进管理体系提高物业管理质量

物业管理是一项涉及居民切身利益的民生工程，加强和改善物业管理的规范化水平，事关百姓能否安居乐业，事关社会安定稳定。当下的物业管理面临着服务品质良莠不齐、专业化物业服务覆盖面较小、物业管理手段和服务内容无法满足业主多层次生活需求等问题。所以，社区物业升级要用机制创新、管理创新、技术创新、模式创新的方式，真正打造社区物业管理升级版，实现物业管理的规范化、标准化、智慧化、集约化发展，拉动社区消费积极性，满足社区居民多样化的需求。

1. 向社区O2O学习借鉴平台化运营思维

虽然互联网平台的跨界竞争对社区物业造成了冲击，但社区物业在长期的社区服务工作中占据了许多优势，面对当下的市场竞争，需要对跨界O2O平台进行借鉴学习，依据自身优势吸取O2O平台的长处，创新经营模式，重新定位角色，实现转型升级。社区O2O瞄准社区展开攻势，主要是因为社区经济环境的独特性。社区是消费者每天休息的聚集处，家庭、社区周边、工作单位是现代人的主要活动范围，其中社区最为集中，同时伴随电子商务的崛起和O2O模式的兴起，社区作为消费者身边的"最后一公里"，毋庸置疑已经成为了市场竞争者争夺的焦点。社区除了消费人群在时间、空间上的相对集中，本身还是一个相对完善封闭的生态系统，在500米的生活圈里，基本生活配套有餐饮小店、事务咨询、家庭亲子、运动健身、旅游

社区物业管理升级与服务业个性融合发展新路径

出行、回收调剂、维修维护、便利商超、美容美发等，有的社区在两公里生活圈里还有学校、幼教、电影院、图书馆、环卫、消防、法律咨询、水电气公司、医院、敬老院等，社区几乎囊括了所有便民业态。另外，社区还是中国消费者决定大宗家庭生活消费的发生地，比如买房、装修、买车、教育、医疗、投资等往往是通过家庭集体决策的，因此社区经济主要是针对社区家庭的B2F模式。可以发现，社区最大的"金矿"在于巨大的消费潜力，同时具备了完善的消费环境，社区O2O虽然可以绕过物业直接对接消费者，但存在一定的不足，而社区物业依旧拥有得天独厚的优势。

2. 开放式的运营模式值得社区物业借鉴

社区O2O进入社区需要进行推广或者投放社区广告，这两个端口由社区物业掌控着，要在各个相对分隔的社区进行线上线下的推广以及后期维护，成本将会非常高昂，难以发挥互联网经济的"规模、连接、速度"优势，但社区O2O平台扁平化、开放式的运营模式值得社区物业借鉴学习。O2O的短板是"地利"，而社区物业却有天然优势。其一，对小区住户情况了解，对业主的个性化需求有第一手资料，比如一些经验丰富的物业服务人员对业主家庭的结婚、生小孩、请保姆、装修、家电清洗、家具保养、搬家等信息非常灵敏，这能为社区物业在提供服务时做到尽可能精准投放。其二，传统的社区物业经过20多年的服务沉淀，产生了思维定式，业主在遇到问题时还是第一时间想到物业，虽然在服务过程中遇到抱怨、摩擦等也属正常，只要不断改进就能解决，这使得社区物业在新服务推广时拥有优先权。其三，由于社区安全因素，形成了社区圈子壁垒，大多数O2O平台不能第一时间找到突破口，这为物业公司实现"去物业化"转型升级赢得了宝贵的时间。"去物业化"绝不意味着物业公司放弃原有经营业务，而是在此基础上借助互联网技术，重新定义角色，开放运营模式，提升物业管理效率。社区物业升级其实升级的是把对物业的管理运营变成对社区业主的服务，利用占据社区生活圈的绝对优势，为更多的优质服务业提供线上线下的社区渠道。"互联网+"时代不是单靠垄断就能具备竞争力的，这个时代靠的是消费者，

社区物业管理升级与服务业个性融合发展新路径

社区物业升级后的工作方向就是围绕社区业主甚至周边的消费者来展开，如何能提供更多的益民服务，这是在移动互联网层面竞争增加客户粘度的"必考题"。社区物业比诸多服务业具备了更多转型的先天条件，能够最快地运营互联网平台，所以社区O2O不是来消灭传统社区物业的，而是社区物业升级的催化剂。

3. 社区物业升级的关键是消费

社区物业升级方向是平台化，如果物业公司跨出这一步，将会同时具备线上线下的多维优势。由于业主与社区物业长期接触有信任基础，前期可快速、低成本地导入业主转化为社区物业自己平台的会员，有了消费者就有了重新规划社区商业生态的能力，在掌握大量会员数据后，只需筛选优质的生活服务项目导入社区。社区物业可以不再直接为消费者提供各项服务，而是选择核心的粘度高的服务项目自己经营，其他的服务完全可以通过招标来选择，在每一单服务交易成功后收取一定的服务费用。平台式管理可以帮助社区物业转型升级实现"去物业化"，但消费力是一个关键问题不容忽略，无论招标的服务项目多么优质、价格多么优惠，在市场同质化竞争激烈、消费疲软的背景下，消费者没有多余的钱消费，最终也会像大多数互联网平台一样止步不前。《中共中央国务院关于完善促进消费体制机制进一步激发居民消费潜力的若干意见》指出，消费是最终需求，既是生产的最终目的和动力，也是人民对美好生活需要的直接体现。加快完善促进消费的体制机制，增强消费对经济发展的基础性作用，有利于优化生产和消费等国民经济重大比例关系，有利于实现需求引领和供给侧结构性改革相互促进，有利于保障和改善民生。所以，通过互联网大数据技术的支持，不仅要考虑改变企业的经营方式，还要思考如何解决消费者的后顾之忧，只有满足消费者的养老、医疗等刚性需求，才能让消费者敢消费、想消费、有能力消费，如果社区物业能为消费者提供一个日常消费与刚需挂钩的服务平台，为社区业主在消费时提供福利保障，则可以拉动社区消费积极性。社区物业升级成功与否的一个标准就在于是否能最大程度地刺激消费，拉动内需，强大的消费能力是一切商业行为变现的基本保障。

三、智慧城市创建需要智慧社区

据不完全统计，截止到2015年年底，我国85%的副省级以上城市、76%的地级城市，总计约500多个城市提出或在尝试智慧城市的建设推动。到2020年，全国将建成一批特色鲜明的智慧城市。但实际上，智慧城市创建离不开城市中最核心的部分：社区建设。随着时代的进步、信息技术的发展，社区居民的需求也在不断改变。智慧社区正是基于此的一种理念思考，也是新形势下探索公共治理的一种新模式，即以构建人性化环境为基础，充分应用互联网技术，以保障社区安全为基础提供服务，实现提供物业管理智能化、智能家居以及社区安全综合管理一体化。

1. 技术飞速发展的现代"智慧城市"

"智慧社区"起源于美国。20世纪80年代美国宣布成立了"智能化住宅技术合作联盟"，由于社会和市场的需要，所以对智能化技术相关产品以及应用系统等方面进行了深入的研究。随后，欧洲市场、日本市场以及东南亚等地区的智慧社区也随时代发展起来，形成了一股席卷全球的风潮。在一些发达国家，智慧社区的产品都已经形成体系，做出了整体解决方案。而目前，随着互联网相关技术的不断发展，大数据人工智能时代的来临，智慧城市的建设技术条件已经非常成熟。在硬件资源方面，社区安防、交通通讯、数据收集与连接方面都已有非常成熟的产品。现实向网络进行映射，能够产生海量的数据，而对网络中的数据进行挖掘和运用，又能够反作用于现实空间，使得城市有了"智慧"。这两个空间的交互就成为智慧城市建设的技术基础。智慧城市是一种发展模式，它要改变的是以前的资源拉动城市发展的模式，变为城市发展带动资源的优化和配制，提高生产效率，用更小的资源创造更多的价值。智慧社区不是单个企业能够玩转的行业，其中纠缠的利益相关参与者非常之多，服务、产品参差不齐，作为新兴产业，没有统一的标准与制度，更不用谈监管和检查了。对大部分的房地产开发商来说，智慧社区是销售上的点睛

社区物业管理升级与服务业个性融合发展新路径

之笔或者是噱头，智慧社区的打造是增强直观销售亮点、提升房屋售价的基础硬件，而真正为社区居民服务的项目，可能并不在房地产商的考虑之内。而面临转型压力的物业公司热情原本是很高的，但先天不足，低廉的物业费收入让本应该是主导者身份的物业公司只能沦为各方势力的资源"接口"，很多时候，物业公司非但不愿意为智慧社区付出，还要收取高昂的"接口"费。智慧社区相关参与者之间没有一个和谐的利益协同，一群散兵游勇当然发展不成体系。智慧城市是科学发展的一种先进的模式，更是未来城市未来社区的高级形态，但没有利益驱动，单靠"情怀"，可成不了事。个别地方奔着中央政府的扶持资金而去，却并没有意识到智慧城市对城市发展真正的作用，将试点申请流于形式。而目前行业内都处于"单干状态"，各家做各家的，反正不开放接口，就是要打造企业自己的生态圈，不同的品牌完全没有兼容性。以智能家居为例，我的手机能控制在小米买的灯，控制不了在格力买的电冰箱，一个手机装多个APP，仅仅为控制一两个智能硬件。可想而知，真正的智慧社区实现起来还有相当的难度。

2. 充分了解什么是拥有智慧的社区

目前，智慧社区的发展趋势已经越来越明朗化，从最初的摸索到如今的大范围落地，好像并没有经历多长的时间，中国的社区生活已经发生了天翻地覆的变化。从工作场景到家庭的两点一线或者多点一线的行为，通过物联网传感器、智能硬件等设备进行信息交互，将与生活相关的服务全部通过平台解决，包括生活类缴费、社区安防监控、物业消息的推送，完成整个社区生活体系的全打通。而从社区基本功能的实现与设备接入来看，基础硬件包括：门禁、可视对讲、停车场、安防报警、梯控、车位锁，其实这些公共场景的安防硬件都是公共环境场景，这些场景每时每刻都能产生数据并且传向云端，只不过，这样的数据一部分属于用户隐私，一部分是公共数据。人工智能成为连接起线上平台与线下硬件的重要枢纽，通过采集、汇总、分析、处理智慧社区各部分的数据，智慧社区各组成部分便能够深度融合、高效协调、有机联动；能够使业主、物业、商家、政府实现智慧交互，形成一个新的社区生态体系。一个真正的智慧社区，应该首先完成硬件+软件+平台+服务这四个基本建设。也就是居民能够通过手机APP控制社区内或是家庭的智能硬件，物业能够由软件后台观察数据，所有的数据都能基于云端形成体系的分析对接给政府，让居民、物业、政府、商家等多方都能受益，这才是真正拥有智慧的社区。当前在技术发展方面，已经到了可以支撑智慧社区建设的阶段。目前真正限制发展的是产品开发面临的多种协议标准的选择以及各类厂商在底层设计的自由发挥，都导致产品的各类不兼容，一个个产品犹如"信息孤岛"，无法共通。当下非常多的企业仅仅完成一个硬件的设计，单产品切入整个智慧社区行业，无法撑得起整个系统，企业打造自主研发自主生产的产品线就显得尤为重要。目前，主要的三大技术——物联网、云计算技术、数据共享技术都已到位。如物联网方面，已有英特尔、通用、华为等巨头成立边缘计算相关联盟，共同研发边缘计算技术，力争在物联网全面商业推广中注入动力。智慧城市要智慧，实现数据共享是关键，目前，很多省发改委经济信息中心都已初步建成数字化云端，也就是说，硬件基本配备完毕。而在云计算技术方面，这是当下国家重点发展方向，将会连同大数据与人工智能组成智慧城市的"大脑"。

3. 哪些行业适合切入智慧社区

目前，切入智慧社区较适合有社区资源的企业，如物业公司、弱电安防企业、社区媒体企业、大房地产商等。物业公司可以说是非常想要转型拥抱互联网的一个行业了，随着物业人力成本越来越高，物业的收费价格却难以提升。物业公司缺乏有效的信息管理化平台来提升内部管理效率，可能我们想象中的物业已经信息化了，可实际上很多物业公司数据全靠一支笔、一个本子，抄表都还是手工。而智慧社区则是物业公司迫切的需求，一方面能够提升业主的满意度，另一方面统一的互联网管理平台也能极大地提高效率和减少错漏。对于智慧社区来说，智能硬件的布设是非常重要的一环，而弱电安防企业正是这样的一个环节，从一系列的传统安防硬件展开互联网化是当下安防企业转型之路。随着物联网大数据的发展，安防产品能够成为线下数据的收集器，像门禁、停车场、视频监控这部分的数据才是重中之重，这些都能为后续的精准运营提供数据支撑。精准运营，这对于广告商来说可谓是最为迫切的需求，而当有了数据统计后，比如说，原有的小区电梯广告，现在完全可以从业主进入小区就开始推送，通过大数据分析达到精准推送与人群画像。针对有车一族推荐车生活服务，针对女性用户推荐时装、化妆品等产品，手机解锁的APP在开门时也播放着精准投放的相关广告。房地产商就更不用说了，智慧社区、绿色建筑是一大卖点，像彩生活、万科就是智慧社区的探索者，通过物业管理切入模式，针对自身的楼盘进行社区智慧化改造。在前期布局中，除了必不可少的资金资源和社区资源，更重要的是优质的互联网安防产品以及整套的社区运营商业模式。因为传统的安防产品已经无法满足当下物联网时代需求，单纯的硬件产品将会被含有云的硬件代替成为新时代的物联网传感器。至于社区运营商业模式，各方都在探索当中。智慧社区是做平台，更是做生态，智慧社区作为一个接口，将众多智能家居品牌接入，将小区智能硬件与家庭智能家居硬件用同一个平台实现操作控制，将标准统一。而且在社区商业运营方面，智慧社区的商业运营一定是需要做到多方获益的，杜绝主观性运营思路，从业主满意、物业满意、商家满意的角度出发，持续地建立社区运营体系，建立社区用户体系。全新的产业生态和生活方式正在形成，在智慧社区的发展中，有效建构移动通信、大数据收集、挖掘、分析、整合、智能感应能力形成的新的业务体系和商业模式的实现路径，一定会推动传统社区服务的时代转型。

4. 智慧社区未来发展的方向

在智慧化进程中，智慧交通、智慧社区以及智能家居成为当下最受关注的三个方面。第一，在城市拥堵与交通共享经济成为智慧交通爆发的引爆点后，人工智能和大数据也将会改变智慧社区与智能家居目前的格局。第二，从"一带一路"、京津冀协同发展、长江经济带建设，再到推动粤港澳大湾区城市群发展。根据国家新型城镇化部署，这一系列的重大国家战略，也表现了国家建设智慧城市发展规划指

社区物业管理升级与服务业个性融合发展新路径

向了城市建设。第三，技术瓶颈已突破，产品的爆发推动产业的发展，而智能硬件的发展已在弦上。智慧社区的出现唤起了人们对于生活的美好憧憬。在未来，我们身在家中，触手即可解决所有生活中的问题：购物、保健、医疗、美容、出行、娱乐等，我们的生活将更智能、舒适、惬意。未来智慧社区将向着网络覆盖化、系统集成化、设备智能化、设计生态化发展。（1）网络覆盖化。随着物联网技术和我国新一代互联网技术的发展，未来社区内网络将无处不在，并将有更高的带宽，必将加强社区网络功能的发展。通过完备的社区局域网络和物联网络可以实现社区机电设备和家庭住宅的自动化、智能化，可以实现网络数字化、远程智能化监控。（2）系统集成化。社区内信息孤岛将通过平台建设走向集成，这是智慧社区建设的目标和要求。智慧社区将大大提高社区系统的集成程度，信息和资源得到更充分的共享，提高了系统的服务能力。（3）设备智能化。各种信息化特别是自动化技术、物联网技术、云计算技术的应用，不但使居民信息得到集中的数字化管理，基础设施与家用电器自身的各种基础及状态信息将可通过互联网获取，并可通过互联网对这些设备进行控制，设备间也可通过一定的规则协同工作。通过对各种人、物、事的信息的综合处理，更多的智能化、主动化和个性化服务将出现在社区居民身边。（4）设计生态化。近几年随着新兴的环保生态学、生物工程学、生物电子学、仿生学、生物气候学、新材料学等新技术的飞速发展，生态化理念与技术正在深入渗透到建筑智能化领域中，以实现人类居住环境的舒适和可持续发展目标。同时，智慧社区建设只有进行时，没有完成时。因此，要不断加强社区人才队伍建设和培养，既要保护和发挥社区现有人员的积极性，又要扩大选人用人渠道。同时，吸引专业技术人员和高层次管理人员参与建设过程，不断完善社区终身学习体系，给社区居民提供继续教育和学习的渠道。从技术层面来讲，智慧社区所需要实现的功能不算复杂，关键问题在于各个平台设备之间的标准是否统一，以及各个服务业之间是否能有独立的管理系统。除此之外，用户粘度也是重要一环，如何通过正常的社区服务消费，推动周围服务业的发展，以及为社区居民提供创业就业机会的同时，产生相应福利，实现消费升级，最终达到提升用户粘度的目的。和睦社区网络科技股份有限公司便是一家依托大数据系统平台、致力于为房地产开发商转型的企业，该企业为物业管理公司提供升级服务，为社区居民提供创业就业机会，发展周边服务业产业链，业务包括社区智能化管理、社区居家养老、社区生活服务、社区健康医疗、社区精神文明建设五大板块，其目的在于推动经济发展，形成和睦社区，构建和谐社会。

四、社区物业管理与服务业的融合发展前景

传统的社区物业与大多数服务业之间并没有太多交集，然而在互联网技术的支持下，社区物业向平台化方向发展，将原有的服务对象——业主转化为平台会员，是互联网思维的体现，但如果要将这些消费资源变现，还需要通过平台将消费者和企业进行整合，形成消费资本，从而实现流量变现。社区生活圈里出现最多的企业就是与居民生活相关的服务业，服务业在解决城市就业与再就业方面有着独特优势和重要意义，同时也是社区物业平台整合的重要对象，所以，社区物业与服务业的融合发展具有巨大的商业价值和社会价值。

1. 服务业的发展趋势

改革开放以来，随着我国国民经济的快速发展，产业结构发生了很大的变化，服务业在国民经济中的地位日益突出，服务业在增加就业、调整产业结构、拉动内需、促进国民经济增长等方面扮演着重要的角色。随着科技的高速发展，"无人化""人工智能"的运用将越来越广泛，劳动力将会被机器逐渐取代，而服务业是劳动密集型产业，主要是人与人打交道，未来必将在此行业产生大量的创业就业机会。21世纪以来，我国服务业规模持续扩大，各类市场主体数量大幅增长，服务业内部发展分化明显，线上供给方式带动了服务业快速发展，大型中心城市服务业发展处于领先地位，当前服务业已经成为我国经济发展的主要动能，下一步我国服务

社区物业管理升级与服务业个性融合发展新路径

业将向高质量发展方向迈进,要建立服务业高质量发展标准体系。国家统计局数据显示,2017年,我国服务业增加值427032亿元,占GDP的比重为51.6%,超过第二产业11.1个百分点,成为我国第一大产业。服务业增加值比上年增长8%,高于全国GDP增长1.1个百分点,连续5年增速高于第二产业。服务业对经济增长的贡献率为58.8%,比上年提高了1.3个百分点,成为我国的主要经济增长极。在工业发达国家服务业有"两个70%"的特征,即服务业增加值占GDP比重的70%、生产性服务业占整个服务业比重的70%,而我国这两个指标仅为50%左右,所以我国服务业还有较大的发展潜力。未来,我国服务业将呈现出六大趋势:服务业进入持续快速发展阶段,服务业内部结构调整加快,供给升级将进一步加快,线上线下供给方式将实现深度融合,空间集聚程度进一步提高,双向开放新格局将逐步形成。

2. 服务业发展遇到的问题

由于各种因素的综合影响,我国服务业发展相对滞后,存在着内部结构不合理、国际竞争力不足等问题。服务业的种类、数量繁多,特别是围绕消费者衣食住行的服务业,同质化竞争激烈,为了引流争夺消费流量不惜大打价格战。为此,服务业为了保持消费流量必须在推广、引流、留存上花费很大的成本,成本增加但价格战导致利润降低,就容易出现企业裁员的现象。比如一个小区商业街里的餐饮行业,只要有一家采用降价打折的促销方式,随后很快其他家都会有所动作,导致企业利润微薄,为了降低成本,有的餐饮店甚至用机器人服务员代替人工,员工裁员后首要解决的是就业问题,必然会对消费能力有所影响,这样就会出现消费者没钱消费的尴尬局面,市场消费能力越疲软,企业价格战越激烈,从而进入恶性循环。另外,我国的现代服务业还普遍存在着产业规模小、服务项目层次偏低、品牌建设缺乏体系、服务行业聚集缓慢的问题。其实,服务行业是消费频率较高的行业,主要靠增加流量保持盈利,所以,服务业发展中急需解决的问题就是如何获得稳定的消费流量,只有保证了稳定的流量,才能控制成本,增加盈利空间,市场才能进入良性竞争。

3. 社区物业升级后将成为服务业的枢纽平台

服务业是重要的经济动力，需要寻找稳定有序的消费群体，而社区物业升级是传统行业加上互联网创新模式的产物，是未来的发展趋势，能够整合社区消费者变成消费资本，提供稳定的消费渠道，是服务业理想的合作平台。同时，社区物业升级也需要筛选优质的服务项目进行合作，为业主提供更加多元化、高品质的服务体验，社区物业与服务业之间是融合共生、相互依存的关系，这不仅会给行业带来创新的活力，同时随着社区服务种类、体验的提升，这个组合会释放空前的消费潜力，具有巨大的商业价值和社会价值。以社区物业平台为枢纽整合服务项目形成融合发展的整体，主要包括以下三个方面的内容：其一，物业服务交易平台，物业服务的需求方直接在平台上发布招标信息，符合条件的企业可以积极申请，给服务双方提供了更多的选择。其二，物业服务项目分包商交易平台，社区物业具有中介属性，是服务集成商，需要众多优秀的下游服务企业一起完成物业服务。社区物业平台的导入，能够建立起双向选择的机制，使已经领先的企业规模具备了快速发展的势能，它们也将持续领跑行业，并借助平台，通过良好的履约能力，让服务更有保障。其三，交易双方的信用平台，通过平台化管理，建立每个进驻社区的服务项目的档案，同时对社区物业服务从业人员也设立信用管理机制，这些组织或者个人的信息在平台上可查可知，会大幅提升行业的管理效能。优秀企业首先可借助服务资源在交易平台中的集中展示，全方位体现自身在规模发展、品牌效益、经营业绩、诚信履约、品质管控等方面的竞争优势，取得客户满意，实现加速成长。建立社区物业融合发展机制的优势在于能在管理和项目的服务过程中均可实现管理升级，平台技术的应用在给到服务业稳定流量的同时，也促进了服务品质的优化和客户感受的提升，大幅度降低了管理的成本，提高了管理效率。其次是品牌价值优势，依托品牌影响力与宣传推广力度的不断加大，行业品牌企业通过社区物业平台将优先得到客户的了解与认知，成为客户的重要选择目标。最后是降低用人成本促进社区创业就业。由于采用平台化运营，大多数的业务将会与其他服务项目合作，同时服务项目也可以采取合伙制，让每一个服务人员都是在为自己工作，是创业者而不是员工，这样既减少了服务项目公司的成本压力，也可激发服务人员的积极性，使员工激励的形式更加多样化，再结合社区物业平台影响力的不断扩大，让这种创业模式与激励方式受到关注，带动社区服务发展，促进创业就业。

五、融合发展的延伸服务突破了社区创业就业瓶颈

就业是人民生存和生活的根本，只有人人有活干，人人有饭吃，社会才有稳定，才能和谐。《中共中央关于构建社会主义和谐社会若干重大问题的决定》强调，"把扩大就业作为经济社会发展和调整经济结构的重要目标，实现经济发展和扩大就业良性互动。" 就业是民生之本，这已经成为人们的共识。社会发展的根本目的在于满足社会成员的物质文化需求，宗旨是成果共享、人人受益。充分就业可以在较大程度上保证人们既有一个相对安定、基本生活有保障的现状，又有一个可以预期的良好前景。以此为起点，才谈得上实现社会成员的权利，特别是劳动权利平等和生活质量的普遍提升，才谈得上社会整合程度的不断提高和社会发展成果的人人共享。社区是人们的生活聚集地，社区物业管理与服务业的融合发展，对调动社区居民用碎片时间实现价值转化，突破社区创业就业瓶颈有重要意义。

1. 创业是更加积极的就业

要就"业"的前提就必须有创"业"，保证创业就业相辅相成良性发展是建设稳定、健康、美好社会的基础。国务院印发《关于推动创新创业高质量发展打造"双创"升级版的意见》，要求进一步优化创新创业环境，大幅降低创新创业成本，提升创业带动就业能力，要在960万平方公里土地上掀起"大众创业""草根创业"的新浪潮，形成"万众创新""人人创新"的新势态，激发民族创业精神，实现通过双创带动就业。"十三五"规划建议提出，完善创业扶持政策，鼓励以创业带就业，建立面向人人的创业服务平台。这是面对全球新一轮科技革命与产业

变革、面对我国经济发展新常态下的趋势变化和长期存在的就业压力提出来的。对创业创新，国家还将大力支持。创业不能取代就业，就业也无法创造出创业带来的财富与利润。这两者都是经济发展的重要组成部分，对于国家来说，两手都要抓、两手都要硬。创业是更加积极的就业。人力资源和社会保障部劳动科学研究所的调查数据表明，当前创业带动就业的效益显著。报告显示，由于创业多处于初创期，10人以下规模占到了80.7%，平均每个创业项目吸纳就业约8.4人。从成立时间来看，总体上人员数量随着创业时间的增加而增加，成立10年以上的项目平均带动就业13.6人；从创业前身份来看，农村进城务工人员、留学归国人员以及在职人员创业带动就业数量较多；从注册类型来看，企业和农业合作社带动就业人数较多。从创业项目中人员变化的情况来看，人员比较稳定的占60.7%，人员呈增长趋势的占12.3%，人员数量呈下降趋势的仅占2.0%。从不同成立时间和人员规模的项目来看，数量比较稳定的比重都在75%左右，且增长比重高于下降比重，表明创业吸纳就业的势头总体向好。不过，专业人才和核心技术的匮乏也是不少创业者共同面临的难题。调查显示，超四成创业者认为当前人员不能满足或不确定是否满足发展的需要，主要是缺少市场营销人才、专业技术人才和经营管理人才。从创业企业的技术方面来看，仅37.4%的创业者具有核心技术。从实际盈利情况来看，44.5%的创业项目目前处于赢利状态，42.1%的项目盈亏平衡，另外还有13.4%的项目处于亏损状态。其中个体工商户、合伙企业和农业合作社总体盈利状况更好，盈利的比重接近50%。从成立时间来看，盈利比重最高的是成立5~10年的企业或项目（52.2%），而成立1年以下的盈利比重最低（38.7%），亏损比重最高（17.8%）。创业成功与否受多方面因素影响，涉及政策、服务、资金、培训、环境等多个方面。另外，创业的领域比较集中，同行竞争过度。如大学生群体更倾向于电商、计算机技术支持等方面的创业，青年农民更愿意从事自己比较熟悉的种植养殖业。同质化的创业在形成规模效应的同时，也难免会带来过度竞争。此外，雇工困难或劳动力成本过高，也是创业者面临的一个主要困难，还有创业过程中对相关政策不了解，也找不到渠道了解。要想更好地实现创业带动就业，从政府角度讲，需要进一步深化商事制度改革，降低创业门槛、打造众创空间、拓宽融资渠道、加大减税降费力度。

2. 提升服务业吸纳就业的能力

人工智能、大数据、无人化等已经成为时代的主流方向，这也是科技发展的必然结果。在科学技术不断革新的大背景下，各行各业都逐渐用机器代替了成本高昂的人力，不是所有的创业就业人员都能达到高技术门槛，但服务业主要还是人与人之间的互动，不会轻易被机器替代，所以未来除了科技含量高的项目以外，服务业将是用人最多的行业，因此，应加快服务业发展，不断拓宽就业主渠道，提升服务业吸纳就业能力。（1）增强发展服务业的自觉性和紧迫感。世界经济发展规律表明，随着经济发展水平的不断提高，服务业比重将逐步上升，并在工业化中后期阶段逐步超过第二产业成为主导产业。当前，我国处于工业化中期阶段，服务业处于加速发展的初始时期。服务业能否快速发展，将在很大程度上影响未来经济发展的质量和速度。要全力推动服务业大发展，打好产业转型升级攻坚战。要针对服务业比重低、增速慢、规模小、层次低的特点以及吸纳就业人口能力弱的实际，尽快加长补齐服务业的"短板"，着力推动服务业发展提速，比重提高，水平提升，使服务业市场化、产业化、国际化水平大幅提高。目前，我们不仅已具备服务业加快发展的基础性条件，而且服务业在经济发展中的地位日益突出。加快服务业发展，关键要转变观念，增强自觉性和紧迫感，进一步完善服务业体系，更好地满足人们的消费需求，不断增强消费对经济增长的助力，并在经济增长中促进就业增长，进而推动服务业的大发展。（2）促进社区融合发展的延伸服务来增进服务业吸纳就业能力。社区生活服务项目的延伸包括社区家政服务业的延伸项目、社区大健康产业的延伸项目、社区居家养老业的延伸项目、社区智能化环境建设的延伸项目、社区精神文明建设的延伸活动，等等。每一个延伸出来的项目又包含许许多多的内容，比如，社区家政服务业的延伸项目里，就可以有社区家政全包服务、社区家政钟点工服务、社区家政业务的专业培训业务、社区居家装饰修补服务业务、社区生活类项

社区物业管理升级与服务业个性融合发展新路径

目延伸服务业务以及为服务业提供再服务的业务，能解决大量人员就业问题。社区的发展提升，很大程度上依赖于服务业的附加和服务业的融合。随着城镇化和智能社区建设的推进，当前物业与服务业正处在融合发展的最佳机遇期，应加大力度推动社区物业与服务业的融合发展，使发展服务业解决就业问题建立在与物业协同发展的基础上，确保服务业对扩大就业的促进作用持续发挥。（3）加强服务业就业人员培训和人才队伍建设。劳动者是否能尽快实现就业、稳定就业，与其自身素质和就业能力有很大关系。要加强对服务业各类相关人员的培训和教育，不断提高从业人员素质。充分发挥社区服务的监督管理机构及各类社会机构的作用，大力发展职业教育和职业培训，以建立适应现代服务业发展的人才队伍。加大创业政策扶持力度的同时，开展创业能力培训，为推进大众创业、万众创新，加快培育市场主体创造条件。

3.突破社区创业就业瓶颈的新路径

创业的关键在于"新"，同时是否满足市场需求，"新"代表的是创新发展市场空白，抢先占据有利位置，满足市场需求则是创新必须为真正的需求而非伪需求；就业的关键在于选择的行业或者项目是否能够长久，同时再选择有个人能力发挥空间的岗位。随着科技的不断进步，现代服务业新业态、新模式不断涌现，成为了推进大众创业、万众创新的关键所在。在全球经济经历调整、国内经济面临诸多困难的背景下，创造更多的就业岗位成为当务之急，服务业快速发展可以带动更多就业，所以创新发展服务业成为改善就业结构和质量的重要出路。服务业近年来发展势头迅猛，对GDP的贡献已经超过50%，成为带动经济增长的主力军，同时也提供了数量庞大的就业岗位。特别是近几年，有数据显示，服务业对就业的贡献率已经超出了第二产业。"十三五"时期随着新技术、新产业、新业态的加快成长，服务业分层和个性化将更加明显，生产性服务业就业容量将加大，与生活相关的现代服务业的发展势头也很好。随着经济增长阶段转换和发展方式转型，"十三五"时期我国服务业不仅承担着保就业的关键角色，还是改善就业结构和质量的重要出

社区物业管理升级与服务业个性融合发展新路径

路。社区是消费者生活的聚集地，由于社区物业融合发展平台化，能够增加服务业的对接空间，基于大数据、云计算、物联网的服务应用，数据处理、数据存储、消费福利保障的快速发展，不仅休闲养老、远程医疗、远程教育、数字穿戴、数字家庭、智慧社区、智慧城市等与人民生活息息相关的服务新模式可以通过社区物业平台为消费者提供服务，就连传统的衣裤修补、钥锁配对、家政卫生、家电维修等服务也能带动起来，规范、拓展了新的社区消费渠道，由于是平台化运营，社区服务业将成为新的创业乐土，还能降低用人成本，大多数的业务将可以与当地居民合作，服务项目也可以采取合伙制，居民可以根据自身才艺、技能，选择合适的服务项目合作，或者将其挂在社区物业管理的APP上，让有需求的居民可以找到自己并通过APP实现服务、付费、积分的一步到位，充分调动居民的零散时间，让每一位服务人员都是在为自己工作，是创业者而不是员工，这样既减少了服务项目公司的成本压力，也可激发服务人员的积极性，使员工激励的形式更加多样化，结合社区物业平台影响力的不断扩大，这种创业模式与激励方式将逐渐受到关注，带动社区服务业发展，促进创业就业。社区物业与服务业的平台化融合发展，是运用移动互联网工具整合各方资源形成的共赢、共享生态圈，是突破社区创业就业瓶颈，实现社区物业管理升级与服务业个性融合发展的新路径。

参考文献：

1. 2017年中国物业服务行业发展规模及未来发展趋势分析[OL]. 中国产业信息网，[2018-03-07]. http://www.chyxx.com/industry/201803/616443.html.

2. 2017年中国物业服务行业发展回顾及行业未来发展趋势分析[OL]. 中国产业信息网，[2018-08-14]. http://www.chyxx.com/industry/201808/666962.html.

3. 浅析物业管理的发展及存在问题的解决方法[OL]. 百度文库，[2016-03-11]. https://wenku.baidu.com/view/f47cb15369dc5022abea006c.html.

4. 孙成. 我国社区服务中存在的问题及其解决[J].《科教导刊》2013年第5期，http://www.cqvip.com/read/read.aspx?id=45395779#.

5. 李星. 在社区O2O的冲击下，物业公司何不主动"去物业化"？[OL]. 人人都是产品经理，[2016-3-19]. http://www.woshipm.com/chuangye/301936.html.

6. 谢清涛. 城市社区服务业发展途径分析[J]. 合作经济与科技，[2012（17）]. http://xueshu.baidu.com/s?wd=paperuri:(237ddb96c0215d638f99282f1bb746c8)&filter=sc_long_sign&sc_ks_para=q%3D%E5%9F%8E%E5%B8%82%E7%A4%BE%E5%8C%BA%E6%9C%8D%E5%8A%A1%E4%B8%9A%E5%8F%91%E5%B1%95%E9%80%94%E5%BE%84%E5%88%86%E6%9E%90&tn=SE_baiduxueshu_c1gjeupa&ie=utf-8&sc_us=18164478322378586438.

7. 梁倩，孙韶华，左翰嫡. 服务业高质量发展战略正在酝酿 多层次推进振兴[OL]. 央广网，[2018-06-08]. https://baijiahao.baidu.com/s?id=1602665942665828442&wfr=spider&for=pc.

8. 邱玥.创业是更加积极的就业[OL].光明闻，[2016-04-07].http://epaper.gmw.cn/gmrb/html/2016-04/13/nw.D110000gmrb_20160413_1-07.htm.

9. 周红民.提升服务业吸纳就业能力[OL].新华闻，[2015-08-31]. http://www.xinhuanet.com/local/2015-08/31/c_128182464.htm.

何开秀点题：

社区智能化

社区智能化已经来到了我们身边，无论是社区安全管理、社区门禁管理、社区停车场管理、社区生活服务管理，就连家具电器什么的都与互联网、物联网、智能化发生了关联。我们的工作和生活习惯很多都已经被自动化、智能化、互联网、物联网改变，所以我们需要不断学习进步，掌握生活中的操作技能，起码要能满足我们自己生活方便所需，否则我们将寸步难行。关于社区智能化我就分享三个方面的话题：

第一方面，社区智能化普及后的社会分工。

第二方面，社区智能化后的科技红利怎样惠泽于民。

第三方面，建立社会公共服务与公共福利的解决路径。

因为这三个方面的话题都与每个人的利益有直接关系，在社区智能化普及的过程中我们处在新旧迭代的时期，过去习惯了的生活方式随着智能化的普及已经发生了改变，工作环境、工作岗位、工作方式等都有可能发生不同程度改变，不管你是愿意还是不愿意，一切都不会等到你同意才变，而是已经变了。

随着科技的快速发展和互联网、物联网、自动化、智能化的普及应用，我们的工作岗位很多都被自动化替代了，被智能化替代了，被无人操作替代了。我们的工作机会减少了，我们赚钱的路径少了，所以我们需要学习，需要掌握新的技能，需要与时俱进提升自己。我们需要重新认识自己的能力，培养自己的爱好，挖掘自己的潜能，找准适合自己发展的方向。社会将因为科技的高速发展重新洗牌、重新定位、

社区物业管理升级与服务业个性融合发展新路径

重新分工，找到适合自己的位子，不要只看自己懂什么，应该向外看市场需要什么，一切以满足市场需求来重新定位自己，这样我们才能适应社会的快速发展。

说到科技红利怎样惠泽于民的话题，前面已经讲过，通过消费福利卡把消费积分进行汇集后的延伸应用来构建社会利益的分配体系，这条解决路径是需要消费者积极配合参与才能实现的解决方案。消费者在消费时都想要优惠，只是选择一次性优惠还是选择终身优惠的问题，一次性优惠就是打折或者使汇集的积分进入流通消费掉，这就没有了后续的延伸利益。如果选择汇集互生积分再把积分投入消费福利保障池，这就实现了终身收益的月月分红以及免费医疗补贴计划，随着时间推移和条件的成熟，还会有更多的消费福利保障提供给消费者。消费积分的汇集和延伸应用将实现全民持股计划和全民保障计划，这就为科技红利惠泽于民找到了一个方法，也为建立社会公共服务平台和公共福利平台探索出一条新路径。整个过程没有增加企业成本，只是在企业正常经营过程中把过去给市场促销的宣传成本和促销成本等，换用互生积分模式来促销，就能够为消费者创造永久福利而拉动内需扩大消费，而消费者没有多花一分钱，就能够通过消费积分来实现越消费越有钱，从而增加消费频率，最终实现经济良性运转。

国家在经济良性运转的前提下完成社会公共服务平台与公共福利平台的建设，并通过医疗补贴的过渡性解决方案又为全民免费医疗增加了经济来源的解决办法，当然这只是其中的一条路径，我们希望企业家们大胆创新，拿出更多更好的解决方案，采取多渠道、多路径、多模式来共同为人民群众谋福利。

智慧社区历经多年发展，已经从设备与系统的数字化、智能化等概念，过渡到涵盖多种新技术、新理念，以社区服务为主、以用户为中心的新型商业模式的落脚点。将硬件设备/系统、软件平台、运营模式相结合，在技术层面上囊括了云计算、物联网、移动互联网等多种当前热点技术，在运营层面，则从提升用户满意度、增强用户体验等角度，为居民用户提供家庭、社区、周边商圈的一站式服务，是一种符合未来发展趋势、可持续运营的新模式。

第二章 社区智能化

智慧社区是社区管理的一种新理念,是在科技发展、生活品质提高的新形势下社会管理创新的一种新模式,目前正覆盖越来越多的社区。社区是人群生活在城市中的基本单位,运用先进的信息技术来推动社区发展,使社区更加智能化已是大势所趋。物联网技术作为新一代信息技术,给了社区智能化建设重要的技术支持。物联网技术实现了社区建设、管理的智能化,它将传感技术、互联网技术、云计算技术、大数据技术等应用于社区管理的各个方面,充分将社区物业、生活、医疗、服务、养老、居家,甚至创业就业等融为一体,构建成了一个新型的、智能化的智慧社区管理体系。

一、社区居家安全管理智能化

国家住房和城乡建设部住宅产业化促进中心提出住宅小区要实现六项智能化要求,其中包括实行安全防范自动化监控管理:对住宅的火灾、有害气体的泄漏实行自动报警;防盗报警系统应安装红外或微波等各种类型报警探测器;系统应能与计算机安全综合管理系统联网;计算机系统能对防盗报警系统进行集中管理和控制。同时,随着网络技术和通信技术的不断发展以及人们对生活要求的不断提高,实现家庭智能化的远程监控已经成为必然的趋势。

1. 社区智能安防系统需求分析

智能安防系统是智慧社区的重要组成部分，通过监控、传感器、信息同步等技术的综合运用，打破传统安防系统的功能单一、信息不同步、难以升级等障碍，从而实现为社区居民提供更加快捷、高质、安全的生活环境。随着科技的进步，人们的安全防范意识加强，传统安防系统需要进行更新迭代来满足居民更多的需求，因此，搭建一个成熟完善的智能化安防系统变得十分重要。从社区居民进入小区开始，经过小区大门到楼宇门禁，再通过楼梯电梯到达所在楼层，最后进入家门，这之间的安全问题，大体可分为两类：第一类安全问题是人为造成的安全事件，如盗窃、抢劫等，第二类安全问题是意外发生的室内火灾、煤气泄漏、电线短路等。对于这两类问题，传统安防系统仅仅能发挥监控、防盗等基本功用，而智慧型社区则可以做到及时发现，及时报警，及时处理，并将数据传送至移动终端，使居民及时查看发生事件的详细信息，以方便进行下一步处理。物联网技术使各类传感器与现有的互联网相互衔接，让家庭智能化的功能产生了质的飞跃，它改变的将不仅仅是家电产品的功能，而是生活方式，也为消费市场带来了巨大需求。

2. 社区安防系统现存的主要问题

完善的智能化安防系统应包括几大功能系统。如小区监控系统、传感识别系统、楼宇门禁系统、居家安全系统等。系统需遵从快速、精准、稳定三个原则进行搭建，满足社区居民各项需求。当前社区安防系统存在的问题不少：（1）信息孤岛现象非常严重。因为目前住宅小区的安防系统中不同的系统模块所采用的硬件设备与软件平台标准不统一，无法做到统一管理，数据之间产生壁垒，不能相通，这样一来有的数据信息之间不能共享，无法完成复杂的联动，使设备发挥不了最大功效。（2）缺乏统一操作界面。不同的APP之间的操作方式存在差距，需要工作人员学习不同系统的操作，遇到紧急情况容易产生误操作，反而会错过对险情的最佳处理时间。（3）各系统模块下属子系统之间权限相互独立，安防系统的数据更加难以实现全面共享。（4）大部分门禁系统只能识别设备，不能对人进行精准识别，无法确定设备使用者是否为社区在住居民。

3. 社区居家安全的发展策略

信息技术的发展迅速，如今常见的物联网技术、大数据技术、云计算技术，都可以运用到社区居家安全的安防系统中来，提升智能化水平。（1）采用综合智能分析技术将各系统设备的数据汇集起来，再通过大数据技术分类传送至社区居民的移动终端上，进行安全提醒服务，将社区周边发生的安全事件进行汇报，实现设备与居民的信息交互。而物业端可以将收集的潜在安全隐患信息进行分析，做好准备，形成预警，减少事件发生率。（2）运用大数据系统进行数字识别，提高安全度。每位社区居民在正常使用移动终端的应用软件时，使用一组数字识别码登录，这组数字识别码获得后终身持有，不可更改。如此一来，社区居民在进出小区门禁时，可以通过数字与人脸识别技术进行精准定位，发现非本社区居民，系统会立刻与门卫室工作人员进行信息交互，使之提高警惕，并留下相应记录。经询问后，若是来访找人，工作人员便可通过系统通知被访居民确认信息以节省时间。（3）采用大集成型平台实现资源整合。从社区整体安防管理上来看，采用有大数据支持的大集成平台将多方资源整合起来实现数据共享，在保持各系统模块工作正常运转、独立运行的前提下，提取信息汇总至平台，平台通过云计算技术进行分析以实现复杂的联动，而平台应具备接口对接功能，对市场开放，包容其他企业。

二、社区生活支付管理智能化

社区消费离不开支付问题。传统的支付方式有现金、刷卡这两种基本方式，针对社区便利店与果蔬市场，以往只有现金这一种支付方式。随着移动支付的兴起，似乎一夜之间大街小巷都拿起了手机扫二维码进行支付，传统现金与刷卡的支付方式使用频率逐渐减少了。那么，如何让社区居民更好地进行移动支付，在方便、快捷、安全等方面更加智能化，就成为社区生活支付管理智能化的主要发展方向。

1. 现有的移动支付方式

移动支付是利用手机、平板电脑或其他移动智能终端设备进行资金转移等支付结算活动的总称，这种支付方式正在改变着人们的生活习惯和支付方式，对人们的日常生活产生着极大的影响。移动支付从衣食住行、吃喝玩乐购、线上线下随处可见，成为了生活中不可或缺的一部分。移动支付的优点显而易见，既节约时间又免去了找零的麻烦，可以轻松应对各种支付情况，这种支付方式推动着无现金社会的发展。移动支付主要分为远程支付与近场支付两种方式：（1）远程支付。用户通过移动终端发送指令，转移资金或支付结算，常见于线上线下消费时所产生的账单费用，典型的第三方服务提供商有银联、微信、支付宝等。其中涉及一些线上虚拟服务业务，会有相应的连续扣费等功能，省去用户多次支付的操作。通过部分第三方支付平台还能使用定额借贷、投资理财和代还信用卡等业务。（2）近场支付。需要移动终端具备NFC、RFID、LBS、红外、蓝牙等相应技术的支持，涉及硬件设备、芯片厂商等多方利益主体，产业链较长。常见于地铁、公交、停车场、高速收费站等场景，使用起来快捷方便，但需要相应设备来完成。

2. 移动支付所存在的问题

移动支付采用的是无现金的电子支付方式，通过移动终端实时传输信息，资金转移及支付结算非常高效。但在此过程当中存在着一些问题，不容小视。（1）技术层面上的多重风险。木马与病毒可以通过网页、软件入侵到移动终端，使支付环境发生改变，使用户在输入支付密码时泄露信息，由此延伸出的钓鱼欺诈风险，方式也多样化，不法分子会冒充银行或者通讯运营商等机构向用户发送诱骗短信、链接，使用户上当受骗后将资金转入莫名账户。（2）未成年人使用移动支付的行为造成其监护人财产损失。现在电子产品的受众群体越来越大众化、低龄化，随之而来的就是未成年人在其监护人未监督的情况下，通过网络娱乐软件进行充值，造成监护人财产损失。（3）用户信息不真实，信用问题难解决。一些带有第三方支付功能的社交软件，注册时以邮箱或者手机号为主要注册手段，在身份信息不完善的情况下也能进行资金转移，使得许多不法分子冒充好友进行网络诈骗。（4）我国对于移动支付的法律法规不够完善。由于移动支付在我国发展迅速，属于新兴产业，我国还没有专门针对移动支付的系统性、规范性的最高法律，当用户因为支付问题产生财务损失时，无法运用现有法规进行维权。

3. 运用大数据系统平台解决移动支付难题

移动支付的难题在于信用体系的搭建与实施。那么，如何通过智能化的管理将移动支付的风险降到最低呢？社区居民可以利用大数据系统平台的一组数字识别码进行门禁识别，因为这组识别码实名认证不可更改且具有唯一性，所以在信息交流时能够保证彼此之间的信用程度。这组数字识别码也可以运用到移动支付中，提高安全性。作为社区周边服务业或者线上零售业，都必须进行实名认证。一旦因为移动支付而产生纠纷，可以通过系统平台进行沟通协商，使双方达成共识，解决纠纷。人与人之间转移资金，可以先通过系统平台进行社交认证，互相添加为好友，经过信息确认后再通过第三方支付平台进行资金转移。有了这样的一个系统平台，不仅能够为用户带来消费便利，在消费的过程中保证权益，还可将信用风险降到最低，使多方受益。

三、社区预约生活服务智能化

智慧社区的搭建除了在技术层面上运用物联网、大数据、云计算等相关技术以及更新换代为更智能的硬件设备外，还应从社区生活服务上进行升级，使社区生活服务更加人性化，满足社区居民的更多需求。比如打开移动终端APP，点击一键预约功能，上门做饭、维修、洗衣、家政、按摩、美甲等各种服务便可尽收眼底，方便社区居民有更多选择。随着人均消费能力的提高及人们对生活品质追求的提升，这种方便、快捷、高效的消费方式越来越受到追捧。传统的社区服务与电子商务

社区物业管理升级与服务业个性融合发展新路径

中的O2O模式相结合,所产生的"社区O2O"已经成为当下社区的潮流,诸多电商集团都盯上了这块蛋糕,粗略计算未来的"社区O2O"市场份额至少能达到万亿级别。

1. 传统社区服务方面存在的问题

"社区O2O"这种模式虽然能解决社区居民一部分的生活问题,但是能否更好地推动周边服务业的发展,为社区居民提供创业就业机会,使物业管理公司升级转型增添更多盈利点,达到多方均能受益才是关键。通过对当前社区服务的调查分析发现,传统社区服务存在的一些问题严重影响了社区居民的生活,主要表现在几个方面:(1)社区公共信息发布形式简单,时效性差。目前大部分的社区信息发布形式单一,采用张贴广告来发布信息。这种方式不仅耗费人力物力,时间成本大,并且效果不佳。许多社区居民早晚出行时并不会留意公告板上的通知告示,尤其是较年轻的社区居民,关注点多是在移动终端电子设备上。部分社区采用微信、QQ等社交平台进行信息沟通,但是缺乏统一性、规范性,部分社区居民带着不同目的的私自拉群,很难管理。(2)社区服务质量不高,服务项目单调,社区居民选择少。多数社区服务只限于公共设施的养护维修,且维护周期长,时效性差,社区服务专业水平普遍较低,服务质量不达标,社区居民很难满意,而且社区的传统服务内容单调,居家养老、代管、维修等重要服务欠缺,不能提供多样化的服务来满足社区居民的要求。(3)社区内多样化服务缺乏统一监管。社区服务调查中发现,外卖、快递、上门维修等服务,都是独立服务机构提供,独立运营。这其中产生两个问题,一是社区居民请求服务时没有统一平台管理,操作烦琐不方便。二是服务人员可以任意出入社区,增添了安防隐患,使社区居民安全感降低。(4)互联网上门服务还面临难以标准化、服务质量不稳定、有刚需但消费频次低等诸多问题,加之激烈的行业竞争,有的预约上门服务平台还在以"烧钱"的方式来抢占市场,使无边界的同质化竞争现象频现。

2. 预约上门服务让用户享受优质服务

生活观念的改变和生活质量及需求的提升，为高频、刚性的上门服务需求带来了巨大的市场空间。相关资料统计，国内上门服务市场总规模2017年已经突破10万亿元人民币，且仍存在巨大的发展空间，还在以每年30%的速度增长。如今的人们愿意把更多的时间用在自己喜欢的事物上，所以在收入稳定的家庭中，一些家中事务会交给专业人员来做，省下时间成本，而家政服务是其中的主要需求。传统的家政服务，需要消费者从周边广告中获取信息，进行通讯联系，或者是到家政服务中心、劳务人才市场等线下实体去寻找，耗费大量时间，也难找到合适的人选。而如今只需要打开移动终端APP，各项服务一目了然，包括日常保洁、家电清洗、家具保养、上门维修、居家养老、医疗陪护等服务均有提供，每位服务人员都有公开评价体系，付款方式通过移动支付进行，价格也和线下家政服务基本持平。但是随着预约上门服务的发展普及，其服务质量如何、安全能否保证等问题引发了众多社区居民的关注。目前因为很多平台都想跻身社区中来，所以将自身业务认证水平门槛设立得较低，许多平台的业务执业人员并没有专业水平，上门服务的服务者水平良莠不齐，服务质量也因人而异，并且伴随着陌生人进门，各种信息的泄露，甚至人身安全都受到威胁，针对这些问题，虽然各大平台寻求着各种解决之道，但依然不能让消费者解除心理安全防线。预约上门服务在移动互联网没有诞生前，很多服务也是客观存在的。无论在什么时候，预约上门服务的关键都是让用户享受优质服务，提升用户体验，优化服务效率，提供个性化、差异化、有竞争力的产品，提升特色服务，做到服务时效满意、服务诚信满意、服务质量满意、服务态度满意。

3. 智慧社区O2O服务平台的框架构建

社区O2O以生活服务类居多，但很多都以上门服务为噱头，自认为解决了消费者的需求。智慧社区O2O服务平台实现的是让用户线上互动、线下体验、享受优质的服务，一切以"用户体验"为核心，以提高用户留存率为突破口。为了解决社区服务的诸多问题，完善服务需求，提高服务质量，优化服务结构，我们应着力搭

社区物业管理升级与服务业个性融合发展新路径

建一个完善、高效、诚信的智慧社区O2O生活服务平台，并应用到社区体系之中。（1）从用户角度来看，应由移动终端APP（操作方便快捷软件）、服务提供商家实体店（线下体验场地）、上门服务人员（取得执业资格）三部分组成。用户从功能上可分为预约到店消费与预约上门服务两种形式。用户使用移动终端APP一键生成订单，通过和商家信息互动功能，进行细节沟通，精准满足需求。线下能预留时间，方便到店后保证及时体验服务，无需等待。线上预约上门服务体验可通过认证资格、服务价位、评价、公开资料等，对上门服务人员进行选择。（2）从整体架构来看，完善的智慧社区O2O服务平台应具备用户消费终端、服务商家信息发布版块、诚信服务体系、社区服务统一管理中心四大部分，其中核心问题在于社区服务统一管理中心该由谁来负责运营，中心功能包括应用服务平台的软件系统与周围服务业做商务对接，与社区居民进行沟通协调，及时发布公告，定期将社区信息数据反馈给政府等，综合多个方面来考虑，物业管理公司应是最佳人选。

4. 个性化的服务业提供新的创业就业机会

通过智慧社区O2O服务平台的应用，物业管理公司可以轻松地实现去物业化，自身形成社区平台，成为真正意义上的社区枢纽。而社区周边服务行业也因此得到更加具有动力的发展途径，并且在提升业务量的同时，还能为社区居民提供创业就业机会。社区居民通过移动终端APP申请服务行业执业资格，服务行业定期举行培训及考核，通过了培训后的居民取得执业资格，就可以在社区内进行接单，利用自己碎片化的时间赚取兼职薪酬，这样一来，许多社区空闲时间多的居民就能通过平台进行就业甚至创业，并且还解决了高峰时期服务业工作人员紧缺的问题，避免了因上门服务速度慢而造成的消费者的不满情绪，影响服务商家的评价。

5. 用信用体系筛选社区服务精品商家

虽然目前很多平台已经在打造信用体系，但是还不能解除消费者的疑虑。庞大的信用体系认证需要大数据系统进行技术支持，数字识别系统刚好能为信用体系搭建提供唯一识别码，提高信用级别。一组数字识别码，分成若干资源组，不同资源组分别代表着地区、商家、社区、消费者，与真实单位一一对应，在系统中格式化显示，统一管理。比如在智慧社区O2O服务平台上，会以物业管理公司为枢纽，进行服务行业的筛选，同一社区进行不同行业服务商家的数量限制，筛选出优质的商家进行定期评估，并以此打造出社区生活服务的精品商家，这些精品商家通过专业的人员培训，将社区居民培训成具有专业素质水平的执业人员，同样进行定期评估，评选星级服务人员，以此提升社区内整体服务业务水平，提高社区居民生活质量及幸福指数。

四、购物消费服务智能化

社区居民在日常生活中，频率最高的消费行为是社区商超购物。社区超市已经从传统的食杂店、小卖部逐渐升级为社区商超以及便利店。经过社区O2O的热潮推动，许多地区开始出现社区网络超市甚至社区无人超市，"社区新零售"这个新名词越来越频繁地出现。对于社区新零售这个基于互联网、物联网、线上电商、线下零售、商圈经济、社区经济等不同属性市场各自发展而交织在一起的全新市场，由于涉及面太广，大部分人对其还是云里雾里，似懂非懂。因此，作为社区枢纽的物业管理公司，可以以此为切入点增添盈利渠道。

1. 社区新零售项目的基本属性和优化升级

零售业态更迭不断，社区新零售成转型节点，零售业态的改革过去一直在线下和线上之间，以至于出现了线上线下结合的O2O模式。新零售的提出，进一步推动了线上线下结合的模式走向一体化。社区新零售相对于普通商超，正围绕着这样几个基本属性进行优化升级。（1）有人与无人的两个发展方向。因为人本身的"服务职能"是不可替代的，如服务态度，不同的人服务态度千差万别，给人的感觉是否舒适、轻松自在，对于购物消费的居民是很重要的。并且商超中所存在的一些细微店务工作，以现阶段人工智能的技术程度，还无法处理全部店内事项。而无人超市的价值主要体现在社区居民购物消费的效率上，比如移动支付提升账单结算效率，延长自身营业时间，可以做到24小时营业不打烊。（2）线上与线下的相辅相成。从2017年开始，零售业的重心开始从线上转回线下，特别是在社区这一领域，经过多家公司证实，纯线上的社区电商没有一个独立存活下来，由此可见，社区是一个需要落地的购物消费场所。随着互联网进入物联网时代，线下零售业态具备联网能力，各设备之间与APP相连，实现了线上与线下的结合并协同发展。（3）快消品与生鲜占据一定市场比例。快消品和生鲜食材是社区生活消费的两大类目，社区新零售对这两大类的价值意义不同。对快消品来讲，社区新零售的价值在于产品的销售量和销售速度，并且由于行业竞争日趋激烈，价格透明，导致利润空间逐渐降低。所以社区新零售的价值和作用在于降低快消品的运营成本，提高潜在的消费转化，可以将一些占比较大的产品，如酒水饮料，通过无人货柜进行销售，安放在社区单元门口，使社区居民更加方便地购买产品。而对于生鲜食材来讲，社区新零售是消费升级之下的全新市场形态，满足社区居民对生鲜食材新鲜程度和方便快捷的需求。

2. 社区新零售实现高品质产品渠道输送

社区居民在购物消费更加方便快捷的同时，所获得的产品品质也是重中之重。如何购买到放心的、优质的好产品，是许多居民所关注的问题。一些富有地方特色的优质产品，尤其是一些农特生鲜产品使处于城市之中的社区居民很难买到，这就需要有相关平台打通乡村与社区的输送渠道，进行上游输送。通过大数据系统平台的溯源系统，将社区居民每一次购物消费获得的产品进行溯源，进行详细的定位，保证产品的质量，厘清产品责任与售后理赔的正确流程。不仅农特产品，一些驰名品牌、优质品牌，也可通过大数据系统平台的保真渠道输送到社区，使社区居民可以通过社区新零售的店面进行体验，满意后下单付款，之后从电商平台进行发货，送货到家。互源码是互生大数据平台专门为企业的产品溯源提供的一项技术，它实现了全球企业身份数字认证的唯一性、品牌产品溯源的唯一性、互源码连接消费结算的唯一性。产品标贴互源码，消费者可以通过扫描互源码就能直接消费，实现了由产品品质说话的销售，企业的好产品无论走到哪里，广告宣传和销售渠道就连到哪里，不用担心会被假冒，彻底消除了品牌假冒问题。

3. 物业公司结合社区新零售增添盈利点

在互联网时代下，消费者的需求发生重大变化，经营用户的企业才有核心竞争力。利用"互联网+"的技术优势，企业可通过新零售模式减少成本，解决企业资金回流慢、资金链紧张等诸多问题。同时，"运营服务平台"还能实现"企业品牌+品质"的品牌推广，通过"运营服务平台"商品流通直接对接社区终端客户，通过全新的商品流通模式，有效扩大传统企业原有的供应商体系，推动互联网和实体经济深度融合发展，实现传统企业转型升级。与此同时，物业管理公司也可以通过大数据系统平台实现物业升级，开设社区新零售店，通过出租货架空位进行盈利，凡是想进入社区的优质产品，需要由物业管理公司进行产品把关，将产品销售情况和社区居民反馈信息提交平台，使社区新零售店的整体购物消费服务水平上升，产品质量可逐渐达到卓越品质，社区居民会更加放心购买产品，物业公司也通过社区新零售增添了盈利点。

五、消费福利管理智能化

无论是社区还是乡镇，每时每刻都有消费行为的产生。2018年年初至今，全国对于消费升级的讨论日趋热烈，2018年9月20日，《中共中央国务院关于完善促进消费体制机制进一步激发居民消费潜力的若干意见》为促进消费体制升级绘制了"蓝图"。意见提出，加快建立健全高层次、广覆盖、强约束的质量标准和消费后评价体系，强化消费领域企业和个人信用体系建设，提高消费者主体意识和维权能力，创建安全放心的消费环境。意见强调，完善有利于提高居民消费能力的收入分配制度；构建公平开放的市场环境；加大生活性服务领域有效有序开放的力度，逐步放宽放开对外资的限制。

1. 消费升级应从消费福利入手

消费要升级，须让消费者"能消费""愿消费""敢消费"。仅从商品及服务的品质与价值的提升上，的确能够影响消费者消费意愿促进消费，但还需要解决消费者收益来源的问题，光靠工薪阶层每月的有限收入，很难让大部分人"有钱消费"。社区居民在正常消费的过程中，从下单到体验再到支付，以及支付后的信用评价、售后，这一系列动作的智能化虽然能提高居民的生活便利程度，但无法提升居民消费能力。所以，消费升级不仅要着重于商品的品质与价格，还要考虑不同人群对于商品需求是不同的，应该在保证商品品质达到标准化、价格合理的情况下，让社区居民消费后能够增加额外收入，使消费能力逐步得到提升，同时还能随消费产生相应的福利，解决生老病医的后顾之忧，使社区居民实现真正意义上的消费提质升级。

2. 消费福利管理智能化解决方案

《中共中央国务院关于完善促进消费体制机制进一步激发居民消费潜力的若干意见》强调指出，一是吃穿用安全放心，大力发展住房租赁市场。二是全面放开养老服务市场，严格落实城镇小区配建幼儿园。三是培育消费新热点，推动农村居民消费梯次升级。四是健全质量标准信用体系，深化收入分配制度改革。消费是整个经济循环中的起点也是终点，既是生产的目的也是生产的动力。立足消费社会，消费成了阳光、空气与水，注定会被持续关注。从普通百姓视角看，衣食住行教育医疗皆是消费；从宏观经济视角看，消费已连续多年成为拉动经济增长的最强劲马车，对经济发展的基础性作用不言而喻。在贸易战的背景之下，扩大国内消费、挖掘经济增长内生动力更有了战略意义。重视消费就是重视人民生活，也是重视国民经济的发展。消费福利管理智能化解决方案是以《互生经济学》作为理论指导，通过互生大数据技术的支持，把消费资源和企业资源进行格式化整合，形成消费资本力量，用消费资本的延伸应用来实现买卖互利的循环经济模式，这种模式是在原经

社区物业管理升级与服务业个性融合发展新路径

济秩序下循环延伸发展，让消费者也能参与企业盈利分配，形成自然的生态机制，从而建立缩小贫富差距的循环经济体系，形成社会各资源之间互惠互利的互生经济形态，且生生不息，永续发展。消费者只要持消费福利卡（互生卡）消费攒积分，并将积分进行投资，积分投资的含权持股将使消费者终身受益，形成自主化的消费福利保障体系，积分分配给消费者带来了二次分配的收益，积分投资分红又给消费者带来了三次分配的收益。消费福利解决方案的实施，将会有助于解决普通消费者的年年收益问题、现代社会养老问题、免费医疗的资金来源问题、培养必须的市场购买力问题、社会剩余价值的合理分配机制形成问题、贫富悬殊问题、社会信用问题，等等，通过市场买卖行为，为市场培育了购买力，让经济进入良性循环且持续发展。

3. 消费升级带动智慧社区发展

现有的社区周边服务业通过社区服务O2O、社区新零售等方式销售产品（服务），多是以满减优惠形式的促销活动吸引社区居民消费，前期可以快速产生流量，等活动结束后居民消费能力逐渐下降，无法做到持续盈利。而通过消费福利管理智能化解决方案的实施，社区居民每人将持有一张消费福利卡，持卡消费会产生相应积分，积分可以进行投资，大数据系统平台投资到实体行业后，每月将产生相应分红，使居民可以参与企业的盈利分配，实现全民持股，将科技红利惠泽于民。不仅如此，当积分投资达到一定程度，还将获得终身免费医疗补贴计划，有助于解决居民医养的问题。居民由此会产生更高的消费能力，"越消费越有钱"的循环机制自然形成，并且推动了社区周边服务业的发展。与此同时，作为社区的枢纽——物业管理公司，所管理的社区内居民的每一笔消费都将产生与自己相关的直接收益，增添了新的盈利点，进而完成物业升级。这样一来，通过这个大数据系统平台的技术支持与相应的解决方案，就可以实现多方受益，互惠互利，使智慧社区稳步发展。

社区物业管理升级与服务业个性融合发展新路径

参考文献：

1. 孙勇. 基于物联网技术的智能小区安防系统的设计与实现[D]. 西安电子科技大学，[2014]. http://xueshu.baidu.com/s?wd=paperuri:(b9c66aee1559e1a097dda44857aff133)&filter=sc_long_sign&sc_ks_para=q%3D%E5%9F%BA%E4%BA%8E%E7%89%A9%E8%81%94%E7%BD%91%E6%8A%80%E6%9C%AF%E7%9A%84%E6%99%BA%E8%83%BD%E5%B0%8F%E5%8C%BA%E5%AE%89%E9%98%B2%E7%B3%BB%E7%BB%9F%E7%9A%84%E8%AE%BE%E8%AE%A1%E4%B8%8E%E5%AE%9E%E7%8E%B0&tn=SE_baiduxueshu_c1gjeupa&ie=utf-8&sc_us=15666655036133415841.

2. 何遥. 智慧社区安防的现状及发展[J]. 中国公共安全，[2014(16)]. http://xueshu.baidu.com/usercenter/paper/show?paperid=2189557efc1112c7c143972069a3fe58&site=xueshu_se.

3. 纪曼，卓翔芝，庄道元. 新形势下移动支付的发展现状、问题及对策[J]. 淮海工学院学报(人文社会科学版)，[2018(9)]. http://www.cnki.com.cn/Article/CJFDTotal-HHGX201809032.htm.

4. 谢懿，庞静. O2O在智慧社区服务的应用模型研究[J]. 福建电脑，[2018(7)]. http://www.cnki.com.cn/Article/CJFDTotal-FJDN201807088.htm.

5. 王利阳. 社区新零售[M]. 北京：人民邮电出版社，2017.

6. 程实，钱智俊. 定义消费升级应着眼于居民总福利上升[N] .第一财经， [2018-09-17]. https://ex-rss.yicai.com/ex/ydzx/news/100028008.html?yidian_docid=0K4U8oyd.

7. 中共中央国务院关于完善促进消费体制机制 进一步激发居民消费潜力的若干意见[N].新华社，[2018-09-20].

何开秀点题：

社区生活服务

社区生活服务关系到居民群众日常生活的方方面面。每个人都有自己的生活方式和生活需求，也有各自的生活观念，如何才能提升我们的生活品质，我在这里分享三个方面的观点：

第一方面，满足生活品质的基础是社会服务。

第二方面，人与人之间的服务是社会文明的分工，没有贵贱之分。

第三方面，我们需要建立我为人人服务的意识才能真正提升我们的生活品质，因为生活中点点滴滴的服务都是情感交流的表达方式，任何机器都无法满足人类灵魂深处的情感交流需求。

在生活中一直默默付出照顾我们的是父母，我们都习惯了父母的用心呵护和照顾。父母爱儿女的表达方式就是在生活中无微不至的关心和照顾，所以世界上最珍贵的东西就是对你不求回报的爱。

生活中的服务可以分为三个层面，第一个层面是爱的层面，不求回报地为你提供服务和照顾；第二个层面是商品层面，可以用服务来换取劳动报酬；第三个层面是无奈层面，这种服务总是在委屈中夹带着无奈。我不对这些观点去延伸分析，我只想告诉大家，如果我们都想让生活品质好一点，生活的幸福指数高一点，我们每个人心中的爱就要多释放一点，哪怕就是商品服务我们只要用心来对待，用爱来呵护，那么所表达出来的服务也是暖心的，否则就是冷冰冰的商品。

社区物业管理升级与服务业个性融合发展新路径

生活中我们有很多观念不知道是怎样形成的，做服务工作的人都低人一等，用这个观念来推演我们身边最低人一等的人，那应该是我们的父母，因为父母是我们生活中的保姆，甚至比保姆还要细致、用心，而且还是免费的。保姆提供的是商品服务我们需要付费，而父母给我们的都是免费的服务。我想表达的意思就是工作没有贵贱之分，特别是养老服务类、医疗服务类、生活服务类、快递服务类、卫生服务类等的工作，都是人类最高尚的服务行为，没有他们的付出哪来大家的幸福，没有他们的服务行为哪来我们的生活品质。就说快递吧，如果没有他们风雨兼程的快递服务哪来我们的快速消费幸福感，否则我们自己跑里跑外、跑上跑下、大包小包地去购买，就不可能有这种快捷便利快速消费的幸福感。

为他人提供服务是人类互相关心和互相爱护的表现方式之一，是社会进步的社会化和市场化需求，是人类在生活中弥补自身需求的解决路径，我们要懂得尊重他人为我们提供的服务，要用感恩的心来接受为我们提供服务行为的人，这样，我们的服务行为才能够植入爱的成分，有爱的服务也更暖人心。

什么是生活，不是吃饱穿暖就叫生活，吃饱穿暖只能够算生存，生活就是要有生活的品味和生活的交流，要与人分享生活中的乐趣和开心，人类是需要通过交流和互动来体现生活乐趣和人生价值的，而人生价值不是用你有多少钱来衡量，而是你能够帮助多少人来体现生活乐趣和人生价值。我们经常听到一句话"你被别人利用了"，我觉得有人利用你说明你还是有用的，如果连利用你的人都没有，说明你的利用价值就没有了，在我们生活中没有利用价值的东西都会被丢弃，所以我们需要重新认识什么是自己人生的价值。

只有人与人平等互爱才有生活乐趣，只有人人都付出爱心我们的生活才充满阳光，只有用爱来服务我们的社会才能和谐。尊重为你提供服务的人，尊重为你解决困难的人，因为是他们的服务提高了我们的生活品质，生活因为有了他们的服务才显得更加美好。

第三章

社区生活服务

随着城镇化的推进，城市社区在经济社会发展中的地位越来越重要，社区居民对社区服务的需求越来越多，要求越来越高。做好社区服务工作对于提高居民生活质量、扩大就业、化解社会矛盾、促进和谐社会建设都具有重要意义。要通过努力，逐步建立覆盖社区全体成员、服务主体多元、服务功能完善、服务质量和管理水平较高的社区服务体系，努力实现社区居民困有所助、难有所帮、需有所应。

一、社区家政全包服务

社区作为市民生活的家园，其宜居性和高品质能够给市民带来最直接的感受，建设高品质和谐宜居的生活城市，离不开社区生活的提档升级。当前，社区居民多层次、多样化的公共服务需求与基层公共服务供给不足的矛盾还普遍存在，迫切需要探索社区公共服务改革新思路。通过社区生活服务与物业升级的新融合，传统的服务模式得以改变，引入互联网、物联网后，针对业主的不同需求可提供多样化服务，全面提升社区信息化建设水平，改善社区服务条件，让社区环境变得更好，办事变得更便捷，从而增强社区居民的获得感和满足感，整体上实现社区物业与社区

社区物业管理升级与服务业个性融合发展新路径

生活服务业系统化、生态化、智能化、便捷化、互利共赢的发展模式。

1. 家政服务需求稳步增长

随着我国经济发展和城市居民生活水平的不断提高，家政服务已成为城市居民生活中必不可少的一种需求，家政服务业作为一种新兴的"朝阳行业"在我国发展很快。家庭服务业是以家庭为服务对象，向家庭提供各类劳务，满足家庭生活需求的服务行业。大力发展家庭服务业，对于增加就业、改善民生、扩大内需、调整产业结构具有重要作用。现在人们对于家政服务的需求呈现稳步增长的趋势，究其内在原因，则是以下几点：一是因为我国的家庭规模日益趋向单调化、小型化。在独生子女政策下，过去几代人的独生子女家庭居多，另外，新兴的不婚主义或者丁克主义者，也加剧了这种社会家庭趋势。二是由于巨大的家庭压力并没有得到任何改善，而社会上的相关服务与支持也远远不够。反观目前市场上的智能家居服务，它仅仅能满足基本的家庭需求，并不能够满足消费者在更深层次方面的需求。三是在我国人口老龄化的加剧，以及二孩政策的开放，将近九成的家庭需要有不同程度的照料，在这九成家庭中，将近四成的家庭有双重照料的需求，既要照看好老人，也要照顾好孩子，这方面的压力导致了我国的消费者对家庭清洁、母婴照料以及对养老方面的家政服务需求相当强烈。

2. 社区家政行业存在的问题

在家政服务业发展的过程中，家政服务已从简单的家庭卫生处理逐步扩大了项目，逐步多样化、全面化，当然相应的家政服务人员的职业素养和能力也随之提高。但是，在快速发展的同时，人们也意识到在家政服务中还存在较大的问题。社区家政服务作为一门新兴行业，其发展和壮大需要全社会的正确认识和支持，改变人们对家政服务"脏、累、贱"的偏见。由于家政服务职业的特殊性，家政服务人员与家庭成员直接接触，心理压力大，导致从事该行业工作人积极性不高。从现在中国的国情及国民素质来看，中国的家政服务业处于一种尴尬的地位，存在许多问题，而且这些问题将在很长一段时间内存在。社区家政服务行业虽然有着广阔的市

社区物业管理升级与服务业个性融合发展新路径

场与强烈的用户需求，但是，当前的社区家政行业还存在着许多弊病，其中主要以小、散、乱的特征为主。家政服务企业的大部分员工，都是属于兼职，人员变动大，员工很不稳定。而如果家政服务企业和员工签订了劳动合同的话，那就需要保证员工的各项福利。但是家政服务企业在不能保证客源的情况下，员工无法达到一定业务接单量的时候，这个家政公司是很难保证长久持续盈利的。所以，在这个因素的影响下，家政服务从业的环境是相当杂乱，而且技术也没有相应的保证，这就造成了一般的家政服务企业无法继续做大做强，只能继续以往的小型散户模式维持运营。此外，现在家政服务市场上的家政公司一般都只是中介，而中介所要承担的只是一个简简单单的牵线搭桥。对于真正服务社区居民的家政服务者们的素质是很难给予保证的，家政公司只能通过合同押金的方式来加以束缚，但这样的效果是很不理想的。目前家政服务人员技能缺乏、素质不高导致工资水平偏低，进而影响工作积极性。家政服务人员在上岗前，要加强管理，狠抓家政培训，通过培训帮助他们掌握从事家政服务必备技能，同时帮助他们端正心态，树立良好的职业道德。

3. 家政全包提供全面的家政服务

家政服务是众多服务行业中的一种，随着人们生活水平的提高，家政服务越来越受到人们的青睐，也在服务业中占据了较为重要的地位，得到广泛的认可。家政服务的主要服务范围就是围绕家庭展开提供一系列家务处理，这一服务为人们带来了较大的便利，也是目前在中国这个人口大国拥有巨大市场空间和前景的"朝阳产业"。目前国内已有家政企业在推行"智慧社区"模式。社区物业这个时候就需要站出来，抢得先机。（1）着力于解决家政服务小、散、乱等问题，通过与服务业个性发展的融合使物业管理升级，可以整合大量社区及周边的家政公司，给予社区用户更多更好的选择，而且在家政公司方面也要严格地把控，进行专业的平台认证，并且在出现问题和发现问题时，社区物业需要在第一时间做出反应，或是协调，或是取消认证，拿掉家政公司在系统平台上发布信息的权益，而且社区的用户也会得到相应的赔偿，给予社区居民们最好的安全保障。（2）社区物业必须以个性化的社区家政服务赢得市场，必须要从劳动密集型转向职业化，向更加专业的方向发展。其中很重要的一点，就是要在家政服务行业内建立起一个基于大数据支持的良好的征信系统，这样的话，社区用户才能放心消费，家政服务性的公司也就可以更好、更快地发展。（3）社区家政全包服务，需要社区物业作为担保和监督，牵线搭桥联合相关的家政企业，依托科技力量，科学系统地为社区内有家政全包需求的居民提供全面的家政服务。家政全包意味着将整个家庭的所有家务交付给了家政全包的服务人员，需要社区居民用户给予服务人员绝对的信任与支持，也需要社区物业和家政企业担当起监督与专业化培训责任，更需要服务人员自身服务技能的提升及严格的自律。只有取得社区用户的理解支持，加上服务人员自身的努力，同时应用科技力量加以辅助，才能更好地服务于社区居民用户，给家政企业和社区物业带来持续稳定的盈利，让家政企业与社区物业越做越好，做大做强。

二、社区家政钟点工服务

对许多社区家庭来说，在生活节奏越来越快的今天，社区家政钟点工的作用显得愈来愈重要。逢年过节，一些家住外地的家政钟点工都会回老家过年过节探亲，由此而引发的"家政荒"常常让习惯了家务由家政钟点工服务的社区家庭乱了阵脚。在本应和谐有序的家政市场，由于供不应求的供给关系，以及社区钟点工技能和服务意识没有达到标准，使社区家政钟点工服务远没有达到现实的要求。

1. 社区家政钟点工作用很大

社区家政钟点工服务，是针对有固定时间段、特定需求的用户服务。这样的服务模式有两大优点，一是在不需要长期家政服务的情况下，可以有针对性地按需索取，节省人力成本和资金成本，降低用户的整体开支；二是有家政服务能力的人员，能够自由灵活安排自己的时间，可以在自己空闲的时间来安排接单服务，从而提高碎片时间与闲置资源的行使效率。在如今城市社区里，对很多社区家庭来说，由于社区居民的工作压力和时间紧张以及其他一些因素,雇个钟点工帮忙烧烧饭、照顾老人、孩子或是打扫卫生,这已不再是什么新鲜事。如何更好地平衡社区家政钟点工与社区雇主之间的关系,有效地维护社区家政钟点工和社区雇主的合法权益,更好地做好社区家政服务,已经成为摆在社区家政服务行业面前的一道紧迫而又现实的问题。社区家政服务越来越成为不少社区家庭日常生活中不可或缺的重要角色。

2. 请钟点工应当注意的一些问题

请钟点工并不是一件简单的事情,如果我们没有做好相应的防范措施,可能会引起不必要的纠纷或者给自己带来一些麻烦,所以我们在请钟点工时有些问题还是需要引起注意。

(1)请钟点工尽量选择正规家政公司,切不可一时贪图便宜找廉价钟点工,生活中经常发生这样的事,当钟点工为您服务之后发现贵重物品不见了,钟点工带一些不三不四的人一起到家里来,更有的在客户不知情的情况下做一些客户根本就想不到的事情。所以,选择正规家政公司最起码是经过严格专业培训的人员,有公司为您做强大的后盾,哪怕出了什么事都能找到解决问题的公司。

(2)钟点工是要到家里来服务的,请工时一定要对钟点工的身份了解清楚,比如查看工作证、身份证等相关证件,以防止假冒执业,给顾客造成损失。

(3)建议在工作时间内一定有人留守在家。

(4)在网络上找的钟点工,在工作之前应将发生一些意外由谁负责、收费情况、服务范围等问题弄清楚,或者签订一份纸质协议,千万不要在钟点工做完服务出了问题后才想起这些事情。

(5)如果是通过和睦社区APP点击服务约来的钟点工,一样需要核实身份,完成服务以后用户验收合格点击服务完成确认,就会支付标价费用,同时还给用户返消费积分享受消费福利,执业者的工作情况好不好通过点评来监督和鼓励执业者。

今天网络平台的发展给各行各业都带来了新机遇,也把过去杂乱无章的市场进行了行业的梳理和运营的规范，不仅仅为创业者带来新的创业商机，也为消费者带来非常大的方便。但新生事物需要一个完善的过程，其中有很多东西是无法事先想到的，因为不同的人有不同的观点和不同的意见，要满足所有需求需要一些沉淀过程，我们大家都要用爱护和培养的心态来完成这个过程。

3.社区物业管理与钟点工服务执业团队的管理

社区家政钟点工服务，方便社区居民的日常生活，在社区居民工作时间下订单，社区家政钟点工接到订单后，做好服务前的工作准备，在社区居民下班到家后，社区家政钟点工可以直接上门服务，比如一顿家宴、一次健康理疗、一次保洁等诸如此类的社区家政钟点工服务，可以节省降低社区居民本身的时间成本和精力，让社区居民有更多的时间和精力投入工作和其他的事项当中。社区家政钟点工服务，做的是社区的生意，所以钟点工执业团队的管理问题就非常重要。

和睦社区服务平台推出的APP应用，是把社区物业管理公司作为社区服务的监督管理机构，而社区物业在不影响传统业务的基础上通过技术实现跨行业升级，通过技术与服务业分工协作实现强强联合，这种联合为服务业降低了运营管理成本，完善了社区服务业的执业团队的监督管理，让社区居民更放心地点击享用服务。

社区服务团队在社区家政服务行业当中可以算作是一剂应急良药，在随机的时间、随机的地点、随机的任务出现时，订单生成，社区家政钟点工上门提供服务，解决社区居民的家务疑难杂症。这也就意味着需要社区家政服务业投入相应的成本和精力去培训社区家政钟点工拥有扎实的家政技能与良好的服务意识，同时多方面了解社区家政钟点工的服务质量，通过反馈，不断地总结经验，提升服务水平和意识，更好地维护社区雇主的良好服务体验与合法权益，让社区家政钟点工更好地服务于社区居民，在给社区居民带来便利的同时，也使社区家政行业、社区物业持续盈利，实现共赢发展。

三、社区家政专业培训服务

国家劳动和社会保障部对家政从业人员上岗有专门的规定，并制定了严格的等级考核制度，对从业人员要求知识与技能并重。对从业人员来讲，要想做好家政服务工作，尚需过"五关"（心态、品质、挫折、吃苦、综合素质）。因此，今天的家政服务人员从事的不再是简单的体力劳动，而是体力与脑力相融的综合性劳动。

1. 培训出合格的家政服务人员

社区家政服务看似简单，其实分工细碎、繁杂，涉及一家老小的饮食营养、起居照料、合理购物、清洁卫生、洗涮熨烫、膳食制作、物品整理、各类家用电器的使用维护等，甚至社区居民家庭内宠物的护理照料、如何避免和应对可能发生的居家灾害，这些都是社区家政从业人员需要掌握的重要知识。可以说，在繁忙的当代社会生活中，社区家政服务已经成为一门新的学科。要想成为一个合格的家政服务人员，没有一个系统、全面的学习过程，是不可能达到的。社区物业升级同社区家政服务行业融合，需要对社区家政专业服务做好培训，关键需要对社区家政服务的内容进行确定并做详细的职责划定，形成专业流程化的培训。社区家政服务专业流程化培训分为两个基本方面：一方面是行为规范培训，另一方面是专业技能培训。对于社区家政服务人员的行为规范培训，主要涉及家政服务人员的道德品质和行为准则，以及家政服务人员的基本礼节礼仪这两个方面，培训的目的是塑造和提升自身内在的品质与行为方式，更好地提供社区家政服务，增强社区雇主们享受服务的体验感，增加社区家政订单回头率。

2. 家政服务人员的专项技能培训

提起家政服务，很多家政服务人员会说，我会做饭、炒菜、洗衣服、带小宝宝，这些技能每个家政服务人员都会。但是，只要你进入家政行业，从事家政服务工作，你的这些技能和知识就远远达不到家政服务的要求。现代社会对家政服务人

社区物业管理升级与服务业个性融合发展新路径

员的要求是极高的,不单纯像自己养养孩子把孩子喂大就好,也不像自己在家一样随便煮煮饭,而是要考虑各种饮食健康知识和技巧。家政学中有很多知识,比如营养保健、卫生常识、家庭护理、生活礼仪、家用电器及燃气具使用、居家安全知识等等。不管你是年轻人还是中老年人,是未婚还是已经做了父母,你都不一定了解这些知识,而这些正是每个家庭所需要的。有很多家政服务人员来自偏远的农村,文化程度低,对现代城市的家居生活、家电家具、居家保洁等基本要求都很陌生,但又急着上岗。家政服务人员的这种心情可以理解,但家政服务人员的技能水平是远远达不到现代家政服务要求的。家政服务人员参加家政培训,不但可以学习基本的礼节礼仪、服务的专项技能,还可以了解行业的一些基本常规,对于开拓视野、提高自身素养是很有帮助的。社区家政服务项目主要包括:保姆、保洁、育儿嫂、月嫂、钟点工、护工、通下水道、清洗抽油烟机等。这些都需要对家政服务人员做专项技能的培训,其中,具体服务内容和职责划定大致如下:

(1)保姆:保姆服务的内容主要涉及照顾家庭中的孩子和老人,还有社区家庭的买菜、做饭、洗衣、打扫卫生等。

(2)保洁:保洁服务工作的内容是,对社区家庭的厨房、卫生间、窗户、房间一处或几处地方进行专业性保洁服务。

(3)月嫂:月嫂服务的主要范围是照顾生产前的孕妇与生产后月子期间的产妇及新生儿,对孕妇、产妇、新生儿的生活和健康进行护理和照顾,而且月嫂还会为孕妇、产妇做好科学健康美味的膳食,提供专项产前产后护理,让孕妇、产妇可以安心、平稳、顺利地度过生产期和月子期。

(4)护工:护工主要是医院当中负责照顾一些病人,也是家政行业当中比较普遍且急需的。面对社区中很多失能、不能自理或者在家调养的病人、老年人,亲人由于工作或者其他原因,不能总是陪在身边照料,护工的作用就尤为重要了。

(5)钟点工:钟点工服务,是按照小时服务的厨师、保姆或者是保洁人员等,他们是按小时收费和服务的家政人员。

3. 优化家政服务人员服务意识与服务技能

社区家政服务涉及的业务很多，范围也很广，同时社区家政服务人员随机性和零散性也比较大。因此，对于社区家政服务的服务人员，必须进行专业的培训，只有培训合格之后才能持证上岗。还需要做好服务的售后回访，得到客户真实的反馈，给家政服务人员打分，不断优化家政服务人员服务意识与服务技能，保证社区客户的合法利益，同时也依法维护社区家政服务人员的合法权益，真正实现良性的发展模式。很多家政服务人员自身的职业道德和工作技能没达标，在雇主家工作时违规操作，雇主提出指正要求，家政服务人员就认为雇主要求高、不讲人情。雇主请你来做家政，是请你来解决家庭后顾之忧的，不希望你出现消极怠工、服务操作不规范等情况。每个雇主的财富都是靠辛苦劳作慢慢积累起来的，他们因为工作或各种原因需要聘请家政服务员，只要你技能提高了，工作质量达标了，你就能获得相应的薪酬。每个家政服务员都必须要有家政工匠精神，要提高自身的职业道德和职业技能，而不要只会抱怨和不满。

四、社区居家装饰修补服务

我们住房子注定和各种家装琐事脱不开关系。安装、维修、墙地面补漏或重铺、厨卫局部翻新，等房子旧了还要再重新整装。对于这些繁琐的事儿，由于平时对于居家装饰修补技能的缺乏、工作时间和压力的负重或是由于自身身体的不便，导致很多基本的零碎的居家装饰修补工作需要由专业人员进行操作服务，消费者渴望出现个"全能家居高手"。

1. 社区居家装饰修补服务面临的问题

家装是一项非常繁杂的系统工程，需要配置主材、家具、饰品、用品、布艺、灯具、电器甚至绿植等。所以，对于居家装饰来说，它是一个专业性很强的工作，涉及空间、平面、色彩、家居配置及环境布置等，如果由非专业的人员去完成一件专业性很强的工作，势必就会面临设计难、选材累、过程苦、效果烦的问题。传统的居家装饰模式，装饰公司只负责为客户提供施工，材料商只负责为客户提供材料，家具供应商只为客户提供家具，饰品供应商只能为客户提供饰品，各个节点的连接需要客户自己来完成。

（1）设计难。业主与设计师在沟通交流时，由于信息沟通上的不对称（业主是非专业人士，设计师是专业人士），造成设计师很难把控业主的真实需求。另外，方案的确认等待时间过长，先是要等平面方案出来，再是效果图，最后是报价，这期间，需要反复协商修改。

（2）选材累。如果业主选择半包的形式装修，十几种装修材料都需要消费者自己分别去选购，业主本身不具备专业的家装建材知识。为了慎重购买，必须一有空就跑各大建材城，了解材料知识，比较材料的品质、价格、售后服务，等到材料终于买齐，也耗费了不少宝贵的时间。万一材料出现问题，一来一往退换货所浪费的时间更加难以控制。

（3）过程苦。材料以次充好，施工偷工减料，装修质量不过关。比如地板出了问题，业主来找家装公司，公司就会说，你要去找地板商解决，常常弄得消费者焦头烂额，身心苦不堪言。此外，还有环节繁琐，无规划，不按标准的工艺规范施工，施工进度一拖再拖，延误工期，等等。

（4）效果烦。家装效果与设计方案脱节，由于装修过程涉及领域很多，如空间、色彩、家具配置、材料、环保、风水规划等，装修公司只能解决设计和施工的问题，很难对整体家居进行有效整合。

在居家生活当中的一些小事，比如说家里墙体的瓷砖松动、墙面脱落掉皮、电路归置排线、壁纸张贴、下水道漏水等诸如此类的居家装饰修补服务，都是社区居民日常生活中最常见也是较为棘手的一些琐碎事务。对于这些社区居家装饰修补服务，虽然物业方面都有相应的技术人员，但是一般服务意识和技术水平都差强人意，最终还是需要社区居民花费时间和精力找专业的社区居家装饰修补服务人员，而找来的服务人员多半是一次性服务，基本上门服务都是凑合了事，很多情况都是治标不治本，当时看起来是把问题解决了，但是很快在服务人员上门服务后不久的日子里，老问题、旧问题甚至还有新问题仍会出现。而这时候，再联系社区居家装饰修补的服务人员时，根本联系不到、找不到这个人了。这样一来，社区居家装饰修补的服务人员也就是一次的生意，打一枪换一个地方，回头客也就更谈不上了，最重要的是，社区居民的居家装饰修补服务所需要解决的问题还没有得到根治。

2. 社区居家装饰服务需要新模式

现在人们对生活环境的要求也越来越高。从满足基本居住需求到体现主人的个性和品位。个性化和品质化需求日益旺盛，使人们对家装已经不只是满足美观的需求，家装也不再是千篇一律，个性化和品质化已成为人们追求的目标，于是就有了从大众化到小众化需求的转变。与当初的家装公司只负责设计和施工，消费者需要自己去各大卖场购买主材，甚至是水泥、水电材料等辅材相比，家装行业最大的变化莫过于能够提供一站式的家装服务。家装公司能够提供设计、施工、主材、家具包括家电、配饰等全套用品，不再需要客户为了买材料到处跑，也不需要因为其间的质量纠纷被施工方和主材方相互推诿。所以，进行居家装饰一站式服务的尝试，成为未来居家装饰服务的发展趋势。但是一站式服务如何实现，如果按照传统公司化模式显然无法满足市场千变万化的个性需求，同时企业一站式服务的人工成本非常高，很难维持企业的长期发展。如何突破传统企业组织项目的运营模式，我们主张通过系统平台的技术支持，把一站式服务内容通过格式化分工来完成，专业的人做专业的事，把一站式服务内容进行专业切割，按照专业垂直发展，通过格式化专业服务来完成一站式服务，既能够满足消费者的个性需求，也能够适应行业的运营管理，满足各方利益最大化。既要为消费者提供满意的服务、争取最快的时间、达到最佳的效果、降低风险、维护后续服务，也要为一站式服务体系内的执业者创造最好的效益，同时还要为一站式服务公司的业务统筹创造更大效益。

3. 社区居家装饰修补服务需要突破

社区居家装饰修补服务未来最大的竞争力体现在你能否把复杂的工作和服务流程变成简单化、标准化、数字化、模板化、报表化的自动运营平台，满足客户个性化定制，提升家装服务和产品品质，降低成本，绿色环保，工期缩短，标准化施工。对此，整个社区居家装饰修补服务行业还没有完全适应，造成这种局面的原因很多，诸如社区物业相关的服务人员技术和服务不到位，提供社区装饰修补服务的人员零散、客户不容易维权，而解决这些问题的关键是，社区物业需要进行升级，与社区家居装饰修补服务行业进行新的融合，形成新的业务模式，推进社区系统性建设，为社区居民带来便利的同时，为社区物业和社区居家装饰修补服务行业带来新的盈利增长，让社区物业升级与社区相关服务行业有新的融合，从而更好地服务社区居民，真正地普惠大众。随着今后信息产业的管理和透明化，网络营销和社区营销将在装饰修补公司的营销渠道中占据更大位置。如果在社区里，有一群由社区物业监督管理的企业和执业人员在服务周边的社区，那么服务效果会有很大的改善，通过接单系统，用户可以随着需求随时下单，接单人员可以随时接单，这样一来，服务结束，还可以有社区客户及时反馈评价，有什么问题也可以再次沟通，提供服务与享受服务者都可以得到最适宜的权益保障。社区居家装饰修补相关的服务，很多都是生活琐碎，也正因为是这样，很多服务人员甚至于整个行业中会有部分人认为凑合地去做就可以了，却不知道再大的事业也都是由无数个小事儿组成的。万丈高楼平地起，只有把细节琐碎做好做扎实，得到客户的认可，业务才会慢慢地由少变多，日积月累，最终公司或者个人的业务才有可能形成规模。而在形成最终结果的过程中，需要多方抱团合作，社区物业可以充分发挥自身的地理与资源优势，组织带动社区周边居家装饰修补服务的企业，形成区域规模，塑造良性竞争环境。

五、社区生活类项目延伸服务

国务院办公厅《关于发展家庭服务业的指导意见》制定的发展目标是：到2020年，惠及城乡居民的家庭服务体系比较健全，能够基本满足家庭的服务需求，总体发展水平与全面建设小康社会的要求相适应。

1. 社区基本的生活类服务行业

社区是社区居民最基本的生活环境，除了家政服务行业，还延伸出了很多其他的生活类服务行业，这样既方便了社区居民的日常生活，也丰富和发展了生活类服务行业的种类与水平。其中就有专门负责社区居民子女的教育、产妇产后护理与催乳、新生儿早教与营养搭配、搬运社区家庭所需重型物品、家庭管家等。

（1）家教：家庭教师是现在社区生活类服务行业出现的教育模式，主要的工作就是一对一或者一对多，有针对性地辅导孩子的学习，孩子在课堂当中的疑问可以得到更加详尽的解答，有利于孩子学业更好地进步与发展，减少和分担社区家长们非工作时间的压力。

（2）产后护理与催乳师：是当前社区生活类项目延伸服务行业中发展很迅速的一个行业，其主要工作内容就是为产后产妇提供专业护理和合理的营养搭配，科学有效地让产妇更快、更好地恢复到产前体态与体质。为无乳、少乳、涨乳的产后妈妈们提供专业合理的催乳服务，让新生儿可以得到母乳喂养，增强自身的免疫力，让产后妈妈们获得健康的体魄。

（3）育婴师：育婴师是主要对于0~3岁婴幼儿进行早期的智力开发教育，通过技术应用，科学系统地培养和指导社区家庭，为0~3岁婴幼儿身体、健康、饮食等方面制订专业的指导方案，帮助新生儿在婴幼儿时期为今后的健康成长打下坚实基础。

（4）搬家公司：搬家公司就是主要为社区家庭搬家或者搬运重型居家物品提供服务的家政公司，在社区里，社区居民常常面临搬家或者搬运重型居家物品的时候，而这种繁重的劳动力度，通常对于一般的社区居民来说，都是有着相当大的难度，即使是社区居民可以自行处理，那消耗的人力、物力、时间和精力成本都相当大，由社区居民自己来处理完搬运的工作后，会有相当长的一段时间去修整恢复精力，如果过程中产生磕磕碰碰的，还需要自己掏医药费来进行治疗，效果不好，还得不偿失。

（5）高级社区家庭管家：是属于特殊人才，这个行业中的家庭管家既能主理家务，又能处理商务；既能教书育童，又懂饮食营养；既会待人接物，又懂礼仪着装；日常采买、洗衣熨烫、简单花艺、宠物饲养等都在高级社区家庭管家的服务范围之内。

2. 提升社区生活管理服务水平

推进和睦智慧社区建设，适应社会发展，创建和谐社会，是国家立足于信息化和新型城镇化发展的实际，为提升城市社区管理服务水平而作出的重大决策。按照国务院的部署，2016年12月，国家发展改革委员会同25个相关部门成立了新型智慧城市建设部际协调工作组，共同牵头智慧社区建设。社区生活类项目延伸出来的服务行业琳琅满目，但最终还是没有脱离一个中心点，那就是社区。所有这些服务行业全部都是围绕着社区在运转，而社区的管理单位是社区中的物业，物业需要升级，需要同这些社区服务行业有新的融合，服务好社区居民的衣食住行医，也就得到了社区居民们的心，而在应用科技的力量，系统化格式化地管理社区，为百姓谋福利的同时，又能实现多方共赢。从互联网到智能化，我们的生活方式和创业就业方式已经发生了重大的变革，如何能够为居民提供更多的创业就业机会，满足智能化时代社区服务业的发展，为社区智能化的普及应用、社区居家养老、社区居家生活服务、社区精神文明建设等方面提供系统化的解决方案，是社区服务对物业管理公司的新要求。为此，依托国家分享经济实施平台的技术支持，和睦社区网络科技股份有限公司推出并实施社区服务项目，专为社区物业管理公司度身定做了一套升级解决方案。

社区物业管理升级与服务业个性融合发展新路径

一是为社区居民生活提供完善的业务服务，改善居民生活、服务条件。为社区居民提供智能化、专业化、分工明细的生活需求服务。

二是为社区培育专业服务队伍，计划建立8万个社区服务站，并配合各业务公司的服务业务，培育专业、系统化的服务队伍。

三是建立社区销售网点，为农特产品建立社区销售网点，为品牌产品进入社区打造"产供销"一体化服务，在方便并满足居民生活的同时造福农民。

四是挖掘创业就业机会，满足广大居民创业就业的需求，在各个社区开展创业就业的组织工作、管理工作、培训工作，为社区居民提供更多的创业就业机会。

五是能够共享社会福利，打造和睦社区、创建和谐社会、共享美好生活。

3. 社区物业延伸服务盈利渠道

物业既有企业盈利性质，也有提供公共服务的社会属性。他们掌握居民信息最全、涉及民生事务最多、对社情民意最了解，是基层社会治理非常重要的主体，是政务服务有效延伸的平台。为此，应该努力探索物业服务企业参与社区治理的方式方法，使物业企业的服务更多样、与居民关系更融洽，群众办事少跑腿，达到政府、企业双赢，老百姓受益的效果。

我们把社区服务项目细化分类，借助科学技术对接社区服务的项目，延伸出物业管理服务的内涵，在为社区提供服务的同时也为物业管理创造新盈利。

（1）代办服务。例如代缴各种费用，比如有线电视费、煤气费等；代订飞机票、火车票、客车票、船票等；代办各种保险：人身保险、财产保险、汽车保险、医疗保险等。

（2）生活服务。利用和睦社区服务平台的电商技术功能，组织社区周边企业对接消费积分，在为社区消费者创造福利的同时也增加社区物业的盈利空间。

（3）房屋本身的服务。为不在小区居住的业主看管房屋；可以帮助业主完成一部分房屋出租买卖的相关事宜；可提供的管理服务主要包括室内绿化的布置与养护、私家花园的打理、家用电器的保养服务及简单维护。

（4）人文类服务。特殊节假日可以组织业主参加活动或给业主送上一份关心，这种活动可以找赞助商来赞助，既给赞助商做了宣传又节省了成本。比如中秋节可以给每位业主家送月饼，而这个月饼可以找月饼的出厂商，厂家既打响了知名度，我们又送了服务；可以举办小型音乐会、亲子活动、敬老活动、端午节庆、儿童画展、才艺大赛等；通过招商引资，以商养文，市场化运作，筹措社区活动经费。这些社区活动旨在通过社区文化活动开展，发挥物业超值服务的功能，并由此营造和谐人文空间，引导社区价值认同，并为业主搭建交流、沟通、互动的平台，让业主倍感"家的温暖"。

（5）个性化有偿服务。创办会所为业主提供休闲娱乐、信息交流、健身活动、培训讲座，并不断增加各具特色的有偿服务项目，如烧烤服务、陪练服务、特色旅游等，以及为业主提供亲友聚会和生日婚庆温馨场地，并配有供业主选择的各种档次消费服务。会所还可以举办羽毛球、瑜伽、乒乓球、跳操、游泳、舞蹈等培训项目，既可以集体授课也可以小班授课，让业主身心愉悦。会所在满足业主需求服务业主的同时，最大限度地挖掘业主的各类消费，企业也取得了良好的社会效益和经济效益。

参考文献：

1. 李书宝. 社区服务"十五分钟生活圈"来啦 居民一键下单120项服务轻松搞定[OL]. 东方今报，[2018-10-23]. http://www.jinbw.com.cn/dzb/html/2018-10/23/content_361665.htm?div=0.

2. 王成荣. 互联网+生活服务成新增长点[OL]. 北京商报，[2017-06-02]. http://toutiao.manqian.cn/wz_15470qyrxtz.html.

3. 国务院关于加强和改进社区服务工作的意见[OL]. 中国政府网，[2006-04-09]. http://www.gov.cn/xxgk/pub/govpublic/mrlm/200803/t20080328_32721.html.

4. 家政服务行业可行性分析方案（深圳）[OL]. 新浪网，[2011-05-04]. http://ishare.iask.sina.com.cn/f/15124820.html.

何开秀点题：

社区大健康

健康是人们高质量生活的根本保证，没有健康一切都等于零，所以围绕健康需求的市场正在形成，人们已经开始从健康换财富转移到用财富买健康。但我们发现，用健康换来的财富已经无法进行还原，就是说用财富已经换不回健康，什么原因我就不去分析了，我只想就大健康分享三个方面的话题：

第一方面，预防。

第二方面，治疗。

第三方面，康疗。

一切与人民健康有关系的内容都属于大健康范畴。这个范围太广泛了，可以说所有行业都与人们的健康生活分不开，健康不是孤立的话题，而是社会话题，我们无论做什么事、说什么话、生产什么产品都与健康直接有关系。吃什么、用什么直接影响身体健康，说什么、讲什么影响精神健康，精神健康比身体健康对社会的影响还要大，身体健康影响一个人或者一个家庭，但精神健康影响的可能是整个社会。

关于预防。俗话说："祸从口出、病从口入。"祸从口出，恶语伤人六月寒，从中不难看出语言的力量；病从口入，揭示了吃喝与人体健康的密切关系。人的很多疾病虽然与遗传基因有关，但与饮食的关系更大，长期饮食不合理、不科学会造成诸如高血压、高血脂、痛风症、癌症、糖尿病等许多难治之症。要防止病从口入，就要养成合理、科学、卫生的饮食习惯。在病从口入的预防环节，最难控制的源头是我们呼吸的空气、喝的水、生存的环境，这些是直接影响我们身体健康的生活资源，关乎我们的健康长寿。解决环境污染问题，还我们以青山绿水是国家提出的战略。

关于治疗。治疗面对三个环节：治疗技术、治疗机构、治疗费用。在治疗技术问题上有这个领域的专业，不是我们要探讨的范畴。治疗机构的建设涉及国家医疗方面的实施规划和实施步骤，一切都在围绕如何实现全民免费医疗而努力。我们是一个有近14亿人口的大国，全民免费医疗的费用不是小数，加上管理模式和治疗机构的定位导致治疗费用的浪费和恶意消费，使得国家的医保费用不足，要让全国人民都能够实现免费医疗，还需要政府、医疗单位和全国人民三方共同配合才能实现。要建立全民免费医疗保障，需要解决医疗机构的社会定位和医疗费用的长期出处，这是一个很复杂的社会工程，国家需要时间来沉淀和过渡。但如何用一种市场的方式来缓解消费者医疗费用的自费部分，各保险公司也推出了很多医保方案，国家也推出了很多大病医保方案，这些都可以起到一定的缓解作用。《互生经济学》一书也给出一个建立医疗基金的解决方案，就是通过消费福利卡汇集消费积分投入福利池，达到1万分就能够终身享受免费医疗补贴计划，这个补贴方式不用消费者多花一分钱，不影响国家社保与医保制度，在国家社保医保范畴内属于自己承担部分最高可以补贴40%。比如国家医保报销80%，消费福利卡就补贴20%，如果医保100%全部报销，消费福利卡就不补贴，通过这种补贴方式来平衡医保的自费部分，实现全民免费医疗的过渡解决方案。这个解决方案从2015年开始就已经实现，有一部分消费者已经享受到了多次的医疗补贴计划，等到国家医疗体制改革的条件成熟，一定会实现全民免费医疗保障计划，把医院从商业定位回归到社会福利事业的定位。

为了早一天实现全民免费医疗保障计划，我们还需要改善很多的管理模式，从技术层面来看，除了建立网络治疗共享平台以外，还应该建立和实现个人健康档案数据管理的技术支持，实现信息资源共享，减少过度检查、过度治疗和借人医疗等问题。

关于康疗。康疗服务的建设对于社区服务来说非常有意义，市场需求非常大，康疗也可以看成是健康服务，它已经从过去的概念进入到高科技产品的技术服务，在健康饮食、有氧运动、高品质睡眠、心理安慰、绿色环境、保健经络、健康减肥、保健足疗、辅助治疗、康疗保健等的项目服务中，拉开了社区健康生活的新帷幕，成为一种新趋势。

特别值得一提的是，我们中医的健康保健服务内容非常多，很多好东西之前都被丢掉了，如果能够重新挖掘出来将是一笔不小的财富，民间还有很多治疗疑难杂症的偏方，都应该很好地去挖掘，挖掘整理出来都是宝贝。我自己就是一个偏方治疗的受益人，年轻的时候咳嗽非常厉害，看了很多医生，不管西医还是中医怎么也查不出咳嗽的病因，吃什么药都不管用，拖了近八年的时间。母亲来看我，给了我一个小偏方，一个月就彻底治好了，所以"偏方治大病"我是深有体会的。

第四章
社区大健康

2016年两会期间,"健康中国"正式被上升为国家战略,在2017年的全国两会上,"加快推进健康中国建设"更是成为了国家重点落实的项目之一。在国家对于民生健康问题的高度重视下,"大健康"理念正在不断深入人心,而我国的大健康产业也由此迎来了蓬勃发展的新时期。中共中央、国务院印发《"健康中国2030"规划纲要》制定明确目标:到2020年,健康服务业总规模超8万亿元,到2030年达16万亿元。健康产业将迎来前所未有的发展契机,而社区是健康中国建设的基本和重要途径之一。在居民健康教育和健康管理中,社区扮演着重要角色。在居民生命全周期的健康需求中,社区承担着越来越多的责任,也必将发挥越来越大的作用。这就需要从社区居民健康出发,营造健康社区,提供可及、可信的社区健康人文服务。因而,在大健康人文的层级系统中,以社区居民健康为中心的健康社区建设,是社区健康人文的目标,也是大健康人文的重要基石。

一、社区健康管理系统服务

《第四次国家卫生服务调查主要结果》显示,我国社区居民慢性疾病持续增加、疾病负担日益加重。城乡居民两周患病率结构发生了重大变化,过去十年中,患病比例由39%增加到了61%,且平均每年新增1000万例慢性病患者。患病人群基数庞大、人口老龄化进程迅速以及慢性病患者趋向低龄化,迎来了慢性病"井喷"时代。伴随着信息技术的普及和应用,移动"互联网+"与各领域公共服务的融合,已经成为公共服务发展创新中的重要手段,提升着产业效率。2015年7月国务院印发《关于积极推进"互联网+"行动的指导意见》,指出各级各类医疗机构要积极利用移动互联网提供在线预约诊疗、诊疗报告查询、远程监测等服务。2016年国务院办公厅印发《关于促进和规范健康医疗大数据应用发展的指导意见》,提出通过"互联网+健康医疗"探索服务新模式。2016年全国卫生与健康大会强调,要完善人口健康信息服务体系建设,推进健康医疗大数据的应用。

1. 社区健康管理现状

随着不良生活方式的增多、饮食结构的转变以及生活环境的恶化,我国社区居民疾病数、死亡数发生了很大变化,慢性非传染性疾病患病率、死亡率持续上升,逐步成为社区居民健康的"头号杀手",严重危害社区居民健康、阻碍社区经济发展。近年来,我国已有高血压和血脂紊乱病人各1.6亿人,超重率达30.0%、肥胖率达12.3%;城市50岁以上居民患病率:高血压55.0%,血脂紊乱46.0%,糖尿病16.2%,且持续上升。《中国卫生统计年鉴》显示,居我国人口死亡原因前五位的分别为心脏病、恶性肿瘤、脑血管病、呼吸系统疾病及损伤中毒,慢性病已成为今后影响社区居民健康、引起过早死亡、导致残疾的首要原因。我国现有社区卫生服务机构在慢性病防控体系、防控政策、具体措施等方面存在一些问题。首先,社区慢性病防控体系尚未健全,居民无法获得全程的、连续的、系统的、个性化的慢性病管理服务,慢性病高危人群得到的预防干预措施不够全面、系统,慢性病患者获得的医疗卫生服务未能连续、个性化;其次,社区慢性病防控信息系统尚未完善,未能及时收集居民健康信息,无法全面掌控居民健康状态,健康信息管理效率不高,健康资源利用不充分;其三,社区慢性病防控理念滞后,重点关注患病后的药物治疗，忽略高危状态下的预防干预，造成医疗费用庞大而防治效果却不理想的局面。健康管理坚持预防为主，及时发现亚健康状态以及慢性病"后备军"，紧抓可变的、经济的、可治的健康危险因素，综合干预、防治结合，从源头上阻断慢性病的发生、发展。社区卫生服务机构作为慢性病管理主要承担机构，在慢性病预防控制工作中发挥着至关重要的作用，急需结合社区实际引入健康管理理念、探索健康管理模式。且健康管理具有投入少、效益高的优势，能够有效降低居民医疗费用、缓解社区经济负担，是社区卫生服务发展的必然选择。

2. 社区居民健康管理实施方案

互联网正在悄然改变着传统的医疗模式，全国各地也在不断探索利用互联网将传统医疗服务功能进一步延伸。随着社区体检使用人数的不断增加，健康数据库会逐步形成，楼盘开发者或者社区管理人员可根据社区业主的健康数据提供更精确的增值服务。国内外在健康信息医疗服务领域已经获得了大量的实践和成果，互联网技术在基层社区健康管理服务中的应用，可有效提高社区医疗卫生机构管理效率，完善连续性照顾的过程，促进建立协调性、联动式的医疗服务模式，对于提高慢性病管理的效率和科学性，提升居民对社区卫生服务的获得感有重要的意义。由于我国对居民健康信息服务平台的研究起步较晚，加之医务人员数量相对不足，难以将社区居民健康管理工作真正深入到家庭，因此居民健康档案多数利用率不高，居民接受健康管理的获得感较低。"强基层"一直是我国医改的重要任务之一，在互联网时代利用信息网络技术提升基层医疗卫生服务的效率和水平，是提升基层医疗机构服务能力的重要措施，同时此举也可以使全科医生在百姓中的信任度和百姓的获得感得到提升。所以借助互联网工具建立完善的医疗服务体系和医疗管理体系，实现医疗资源的共享是解决目前医务人员缺乏的办法之一。同时完成个人健康数据管理的技术支持对提高健康管理服务非常重要，目前社区已经有一种健康设备，它可为居民提供全程无间断的健康管理服务，居民家庭成员均可共同享受健康管理体检服务，包括身高、体重、人体成分、血氧仪、血压计、心电检测仪、血糖、尿酸、血脂检测仪等。可以检测身高、体重、BMI(体重指数)、体型、体水分、脂肪含量、基础代谢率、血氧饱和度、心率（脉率）、收缩压、舒张压、心电、体温、随机血糖、空腹血糖、血尿酸、总胆固醇、甘油三酯、高密度脂蛋白、低密度脂蛋白等多项指标。人们可以通过手机随时查看自己的健康状况并分享给自己的家人朋友，远在外地的子女也可以使用父母的账号，通过手机端查询父母的实时健康状况。基于健康管理云平台对社区居民的健康状况进行检测采集，采集的数据最终上传到健康管理云平台就可以进行专业的健康管理服务。这针对社区大健康普查非常方便、简单，也是社区健康服务的一大机遇。

在国务院发布的《关于中国防治慢性病中长期规划》（2017-2025年）中也明确提出："促进互联网与健康产业融合，发展智慧健康产业，探索慢性病健康管理服务新模式。完善移动医疗、健康管理法规和标准规范，推动移动互联网、云计算、大数据、物联网与健康相关产业的深度融合，充分利用信息技术丰富慢性病防治手段和工作内容，推进预约诊疗、在线随访、疾病管理、健康管理等网络服务应用，提供优质、便捷的医疗卫生服务"。这对于规范发展基层"互联网+社区健康管理服务"具有重要的实践意义和指导意义。

3. 社区健康管理服务

社区健康管理是社区健康服务机构开展基本医疗和基本公共健康服务中所涉及的健康管理相关工作，是以社区为范畴，基于个人健康档案的个性化健康事务性管理服务。社区健康管理是以控制健康危险因素为核心，以预防和控制疾病发生与发展、减低医疗费用、提高生命质量为目的，针对个体及群体进行健康教育，提高自我健康管理意识和水平，并对其生活方式相关的健康危险因素，通过健康信息采集、健康监测、健康评估、个性化监看管理方案、健康干预等手段持续加以改善的过程和方法。"互联网+"是指利用互联网平台、物联技术、智能化技术、大数据技术，把互联网和传统各行各业结合起来，从而创造出新业态、新商业模式、新增值业务。"健康管理"是指通过协调应用医疗健康资源，对居民实施的一种长期的防治结合的干预，强调运用实证医学和增强患者自我服务能力的策略防控疾病的发生。"互联网+社区健康管理"是将互联网技术应用在社区健康服务机构的基本医疗和基本公共服务中，使针对社区居民的健康体检、健康监测、随访评估、健康教育与干预等健康管理服务从社区健康服务机构高效地延伸至家庭，建立"社区—家庭"双向互动的基层健康服务管理体系。它是将移动互联网的创新成果与社区医疗和健康管理领域深度融合，形成更广泛的以互联网为创新要素的社区健康管理发展新业态。这种融合发展适应时代潮流，具有广阔前景和无限潜力，在提高社区健康服务工作效率的同时提升社区居民对健康管理的获得感。标准化是信息化建设的基础，更是实现信息资源交换和共享的有效途径。"互联网+社区健康管理"服务标准化在应用信息化标准的前提下，明确了社区健康服务机构在健康管理工作中将互联网技术应用于社区居民健康管理移动终端，通过功能规范和技术规范的标准化建设指南为在其他基层机构应用提供参考或局部参考的依据。"互联网+社区健康管理"平台核心为社区服务信息系统中记录的社区医疗服务和公共卫生服务数据，通过数据接口联通社区居民健康移动终端应用，以移动终端应用以及基于第三方互联网服务应用集成的形式向社区居民、医护人员和管理人员开放使用，使现有社区服务的健康管理数据得到更为有效的利用。

二、社区医药销售服务

搞好社区健康医疗服务及医药销售服务，是满足广大客户特别是社区居民日益增长的健康服务需求，提升社区健康服务品质和居民生活品质，是发展社区经济的需要。开展社区健康医疗及医药销售服务，以社区形成的特定客户群体为目标客户，主动地、有针对性地进行健康咨询和健康服务，这不仅是医疗服务方式的转变，更是医疗服务理念的转变，体现了医疗服务与时俱进的服务理念。

社区物业管理升级与服务业个性融合发展新路径

1. 社区药店存在的整体问题

政府在一直提倡"大病进医院,小病找社区",现在许多城市社区大都设置了医疗服务机构,此类机构被群众热切地称为社区医院,以此改变看病难等问题。但是,摆在群众家门口的社区药店却出现了门庭冷清的现象。许多群众反映,社区药店虽然拉近了群众的距离,但是跟以往的药店服务范围差不多。许多群众仍旧坚持认为"看病要去大医院,那里的医务人员水平高,看病踏实"。社区药店是直接面对社区居民(患者)的商品流通环节,也是药品流通的最终环节,社区居民可以通过这一直接渠道得到药品,而无须像在医院一样要通过一系列的挂号、诊断、开处方、取药等重重关卡才能得到药品。从宏观上看,其生存与发展受政治法律、宏观经济、居民需求、市场竞争等因素影响,而在微观上,又受商品、价格、服务、选址、广告与促销、店铺设计等要素影响。

(1)经营同质化现象严重,价格竞争成为主要手段。社区药店由于专业人才缺乏、药店营业员职业素质普遍偏低等原因,很难为社区居民(患者)提供个性化服务,所以竞争主要体现在价格上,降价成了吸引顾客的主要手段,药店打折销售、特价销售、会员积分、返利、赠送礼品等促销手段屡见不鲜。药品价格大战不断压缩利润空间,使社区药店的盈利水平下降。由于微利经营,社区药店之间难以形成差异化经营和独特优势,导致经营同质化现象严重。

(2)多元化经营效果不好。不少社区药店甚至开展了多元化经营,涉足了化妆品、日用品、健康用品等。

(3)经营不规范。有的社区药店销售处方药、违规销售近效期药品、允许消费者使用医保卡购买日化用品等。

(4)缺乏专业人才。由于各种原因,社区药店药学专业人员缺乏,药店从业人员的素质相对较低,药店的药学服务远远跟不上需要。药学服务作为药店的核心竞争力,其功能不能得到有效发挥。

(5)经营中忽视患者利益。不少社区药店片面追求利润,不顾患者利益,推销不适于患者的药品，夸大保健品或药品的功能，避谈药品的副作用或注意事项等。

（6）开药方面限制比较大。在我国实施基本药物制度以后，社区药店只能采用目录范围内的药物，有很多患者因社区卫生药店的药品不齐全，不能就近就诊、购药。

如果我们把医院和药店按照商业服务的定位来设置，遇到这些问题是正常的商业竞争，要真正改变这种现状就必须从医疗体制改革入手。

2. 社区药品经营中存在的问题

通过对社区药品经营日常监管和各项专项检查反馈的结果来看，发现社区药品零售中普遍存在以下问题：

（1）管理职责落实不到位。表现在：对药品供货单位销售人员未进行合法资格的验证，有许多供货单位销售人员的委托书已过期，质量管理人员未收集和分析药品质量信息，购进药品时与企业未签订有明确质量条款的购货合同，对质量保证协议未注明有效期，双方也未签名或盖章，少数从业人员未按时进行健康检查，未建立健康档案。

（2）从药人员素质偏低。表现在：企业不重视对员工的培训，不能发挥质量管理机构的作用，存在走形式的情况，质量管理人员未能组织开展对员工药品质量管理方面的教育和培训，使一些不具备药学专业技术的人员在岗。

（3）设施与设备配备不全。表现在：营业场所部分销售柜组标志不清，部分药品经营的营业场所或仓库无空调、冰箱、温湿监测调节、防潮、防虫等基本设施，甚至营业场所与生活区未完全分开。

（4）药品购进验收不规范。表现在：验收人员对购进的药品未按规定逐批验收，有些药品没有验收就上柜销售，未能按规定检查药品的内外包装、标签、说明书及标识等内容。由于受利益的诱惑，甚至从个体药贩走乡串户、厂家代理上门推销、无证单位违规售药等处购进药品。

（5）陈列与储存药品不规范。表现在：企业营业场所部分处方药与非处方药、内服药与外用药、药品与非药品未分柜摆放，部分非处方药放在处方药柜中，非药品放在药品柜中陈列，内服药与外用药混放，很多药品未按用途分类摆放，店堂内陈列的药品的包装不符合规定，部分拆零药品未集中存放于拆零专柜，未保留原包装的标签；对陈列药品未按月检查并记录，有些检查也是流于形式，许多设有仓库的药店，存储条件普遍简陋，管理措施不到位，药品不按分区管理随意摆放。

（6）违规销售与服务行为。表现在：为了提高经济效益而忽视了居民的用药安全，甚至在营业店堂内有不符合国家有关规定的虚假广告宣传现象。

（7）出租出借柜台行为。表现在：个别零售企业收取一定的管理费，直接为一些生产厂家提供药品经营场所和销售柜台，厂家派促销员专一促销本厂的药品来误导消费者。

这些问题来自专业的报告和相关文献，不是我们自己想出来的，从我们身边的社区药店经营情况来看也存在这种情况。要改变医疗市场的现状还是要从医疗体制的根上入手。

3. 加强社区医药销售服务规范化管理

社区医疗服务机构不同于大医院，其服务应该是"五位一体"的，包括预防、保健、医疗、康复、健康教育。各级政府和有关部门应从社区的实际情况出发，出台有力措施，帮助社区医疗服务机构在上述五个服务层面建立更为高质量的工作程序和服务平台，以此提升社区医院的技术、服务质量，方便周围群众就近就医问诊。

（1）销售人员的专业培训和素质培养。应请专业药师对药品销售人员进行系统化培训，在销售人员的选择上也应以本专业为主，对培训内容进行严格考核，淘汰不合格者，做到去粗取精。同时注重人员的素质培养，正确对待药品销售这个职业，运用"文明用语"向社区居民正确指导或销售，对药的用法用量和注意事项应交代仔细，不能夸大宣传欺骗消费者，对顾客的问题应提供专业的解答。

（2）建立好居民客户群。应对维护客户关系进行各项记录，留住老顾客，再挖掘潜在客户。针对居民的价值观不同，对不同的消费群体提供不同的服务，如：中老年人注重养生，可以开一些中医药养生的社区座谈，对于女性可以介绍中药美容等，以提高消费者的满意度和忠诚度，也有利于开拓中青年的消费市场。

（3）药品管理规范化。药品堆放要符合要求，应与地面、墙壁保持一定距离，药品储存实行分区管理，合格药品与不合格药品、外用药品与内服药品、药品与生活用品杂物不能混放，药品要按分类陈列，摆放严格按照药品"六分开"原则，要系统化、生动化，药库药房的温湿度要进行定时监控，药品营销员定期对药品进行检查养护，同时要保持药品和柜台的卫生，给消费者留下良好视觉感受，消费者在选购药品时也能清晰明了。

（4）服务亲情化。在营销过程中会遇到各式各样的顾客，不管与顾客是否达成交易，营销人员都应态度一致，表现出亲情化。亲情化服务是21世纪西方发达国家广泛采用的新型服务理念，是一种以创造和谐的医患关系、为患者提供家庭般就医或购药环境和亲切感受的服务方式，它提倡要把所有的消费者看成是自己的家人、朋友，对消费者服务要全面。实行亲情化服务相对于药店的具体硬件投入来说，是最低成本的投入，这种投入往往只是营销人员一句问候、一个笑脸、一个提示，但收到的回报却是患者的信任和忠诚。由亲情化服务所带来的和谐的医患关系，使双方在最低的投入下实现了收益最大化。除了在营销人员的服务言语上，药店还可以开展代煎中药、药品研磨等服务，送货上门，开设咨询台等。社区健康服务是一项社会工程、民心工程，在运作过程中参与人员涉及社会各层面，包括各级政府、机关团体、医疗卫生机构、社区居民委员会等。全民广泛参与的本身就说明社区健康服务工作的发展需要一个庞大的社会支持网络。

（5）药品的溯源管理。依托互生大数据技术的互源码来溯源药品的经营管理，每一个企业在系统当中都拥有一个唯一的身份识别数字凭证。通过这组编码不仅可以对企业进行识别，也能对企业的每一个产品进行唯一的数字编码识别。企业运用互源码溯源企业产品防止产品假冒，在保证自己利益的同时也维护了消费者权益，从根本上杜绝了制假售假。

三、社区定期定点身体检查服务

世界卫生组织的研究表明，人类三分之一的疾病是通过健康体检得到信息反馈的。因此，每年定期做健康体检，已经逐渐被人们所接受。目前，健康体检已经成为人们发现潜在疾病及自身保健的重要手段，在人们的保健中起着重要作用。随着人民生活水平不断提高及健康意识逐年增强，人们越来越关注自己的身体健康，全社会对医疗预防工作日趋重视，人们健康体检意识进一步增强，疾病的"早发现、早诊断、早治疗"已经逐渐成为人们的共识，人们对健康体检的需求呈现逐年递增的趋势，居民人均医疗保健支出从2000年起出现大幅增长，健康体检市场随之也在快速升温，健康体检行业步入快速增长期。随着国家鼓励健康体检行业发展的政策相继出台，行业监管政策日趋规范，全社会健康意识的不断提高，众多民营机构和社会资本不断进入健康体检领域，有力地促进了健康体检市场的快速发展。

1. 社区居民开展健康体检的重要性

健康检查是了解居民健康水平以及存在哪些健康问题的常用手段，它是一个总称，一般表示检查的内容不止一项。另一个术语叫健康筛查，也属于健康检查的范畴，是指用较简单的方法对可能患某病的人群进行检查，以发现可疑患者。对社区居民进行健康体检，开展有针对性的健康教育，使居民树立正确的健康观念，不断提高自我保健意识，做到无病早防，有病早发现、早干预、早治疗，能够有效保证居民的身体健康，真正提高生活质量。社区居民身体健康体检的重要性主要表现在几个方面。

（1）居民参加身体健康体检能够及时发现疾病，对疾病进行治疗和控制，甚至把病治好，更快地恢复身体的健康。

（2）居民参与身体健康的体检，能够帮助自己养成更好的生活习惯，及时得到社区医生的健康指导，及时改掉自己生活中存在的不良习惯。

（3）社区健康体检，比起大医院诊治的成本要更低，可以为居民节省更多的时间成本和金钱成本，是非常经济化的身体健康保障行为。

（4）社区健康体检利于发现致病因子，很多疾病都要经历一个发展时期，如易感染期、临床前期、临床期、残障期、死亡等几个阶段。很多情况下，居民发现自己的疾病时，一般都是到了临床期，也就是各种疾病的症状已经都显现出来了，然后进行医治，那时候往往疾病已经进入了一个严重的时期。

（5）社区的健康体检可以观察已经处于疾病易感染期的社区居民的各项身体指标，从而发现可能会出现的疾病，比如肥胖、抽烟、过度饮酒、过瘦等情况就是一些身体的危险因素，社区体检就可以为这些方面的人提出健康生活的建议。

（6）建立和完善社区居民健康档案，做好慢性病的防控，提高居民对自我健康状况的知晓率。

（7）开展体检工作，落实预防为主的卫生工作方针，对危害群众健康的主要疾病进行筛查，可以了解群众疾病的分布特点和变化趋势，进一步指导群众合理医疗。

（8）完成健康问卷，对既往病史进行详细咨询，并对居民自身状况结合生活习惯给予正确指导。社区定期定点身体检查服务着眼于人的基本保健，是充分利用社区资源对社区人群进行基本医疗、健康教育、健康促进、预防保健、康复和必要的社会服务的基层保健系统。国际经验表明，通过定期定点身体检查服务，社区卫生服务机构可以诊治80%以上的常见病和多发病。随着人口老龄化的到来，人们希望提供随叫随到的家庭服务，定期进行健康检查的需求越来越高，社区定期定点身体检查服务恰恰能够基本满足病人的这些要求。

2. 社区居民健康体检的内容及规范管理

健康体检是指通过医学手段和方法对受检者进行检查，了解受检者健康状况、早期发现疾病和健康隐患的诊疗行为。健康检查无论对整个社区还是对被检查者个

社区物业管理升级与服务业个性融合发展新路径

人都是一件有益的事。健康检查的内容，依每次要检查的目的而有所不同，也因年龄不同而有所不同，例如，学龄前儿童的健康检查、学生健康检查、婚前医学检查、中老年健康检查等。项目包括身高、体重、血压、空腹血糖、血脂、心电图、三大常规、高血压、糖尿病、腹部彩超、肾功能和肝功能等。社区健康检查不仅为居民诊治一般常见病、多发病、慢性病，还可以通过健康教育、预防保健，增进职工健康。要完善这项工作，就需要制订科学合理的体检方案。

（1）确定体检重点人群。社区通常将中老年人、儿童、妇女和其他特殊人群等作为重点人群。成人体检的重点是重要脏器的功能检查和有无占位性病变；儿童、青少年的体检重点是监测体格生长发育情况，及时发现有无先天性和遗传性疾病；妇女病普查在早期肿瘤的发现中具有重要意义。

（2）制定合理的体检项目。根据我国人群疾病谱的变化，体检群体的不同，检查的重点应有所区别，制定必要的体检项目。例如，血细胞分析、尿液常规检查可以帮助筛查部分血液系统和泌尿系统疾病；胸部X线检查可以排除肺部占位性病变；而肝功能、肾功能检查可了解肝脏、肾脏功能，以及有无乙肝病毒的感染等；血脂、血糖等检查可指导心血管疾病和糖尿病的早期防治；心电图检查可以了解心律、心率等有无异常情况；腹部和盆腔脏器B超检查，可了解有无占位性病变和结构异常。对部分患有家族性和遗产性病史的人群，除以上常规检查项目外还要选择性地做其他相应检查，如CT、胃镜、肺功能等检查。

（3）做好检前准备。首先要做好宣传动员，在社区分发健康体检宣传手册，免费开展居民健康讲座，介绍通过体检能够早期发现一些无痛苦或症状不明显的疾病等医学知识，如肿瘤、高血压、糖尿病等，若能早期发现并及时得到治疗，对逆转病情、改善预后十分重要，从而增强居民健康体检的意识。其次社区应配备专人负责导检，介绍体检流程，解答体检者不明确的问题，让他们加深对社区医院的了解和信任。同时医院应为体检者提供安静整洁、舒适卫生的检查环境，体检中注意保护个人隐私。所有检查科室标志要醒目，设立必要的引导标识，提供候检椅凳，使体检者积极配合检查。

（4）体检中的注意事项。如，体检前3天内应少吃或不吃高脂类食物，24小时内禁止饮酒，注意休息，避免疲劳；高血压、冠心病、糖尿病长期用药者，应注意药物的服用携带，不可因体检而影响常规治疗。

（5）全程导检，注重"人性化"服务。为提高体检服务质量，社区医务人员如何做好全程导检尤为重要。人性化医疗服务是现代医学的必然要求，医务人员要端正服务态度，加强沟通与交流，赢得体检者的信任和配合，因此导检过程中要真正体现以体检服务对象为中心。要有高度的责任心，认真细致地按照检查程序操作，实行保护性医疗制度。体检中医务人员应主动热情，详细了解体检者个人健康状况，根据不同个体确定体检时间、重点检查项目，合理安排诊查顺序，确保整个体检工作和谐有序进行。

（6）检后服务，跟踪随访。体检的最终目的在于体检后的健康管理与服务。体检过程中详细记录了体检者的体重、身高、饮食习惯、日常运动、健康行为（吸烟、饮酒）等基本情况，体检结束时产生了大量医学数据，包括个人信息、体格检查、实验室检查、影像信息等数据，均应及时汇总保存，建立社区居民电子健康档案，进行电脑自动化、信息化规范管理。通过分析体检数据，根据个人健康史、家族史、生活方式等资料，及时发现存在的主要健康问题，针对不同个体设计健康管理方案，包括改善饮食结构、加强体育锻炼、良性心理疏导、亚健康状态防治等，采取必要的干预措施，积极引导建立健康的生活行为方式，同时确定是否要进行健康随访，通过电话、短信或上门服务等形式，对存在某些疾病隐患的高危人群提醒其动态复查，如定期测量血压、血糖、血脂等，从而提高居民的自我保健能力。

（7）多措并举，规范操作。目前在社区健康体检工作中，专业医务人员力量还比较缺乏，尤其是全科医师不足。社区居民体检常常集中在短短几天内进行，时间短、任务重，往往影响体检质量的控制。因此，要加大社区居民健康体检的宣传力度，增强居民体检意识，不断提高社区医疗设施水平，加强健康档案的信息化管理水平。体检评估报告必须及时、准确地反馈给居民，医生要注意健康处方人性化，报告内容清晰明了、方法简洁易用，少用专业术语，以免让体检者感到应用困难。健康体检只有在规范操作下才能发挥应有作用，提高居民身体素质，也有利于节约社会医疗资源，降低社会经济成本。

3. 社区疾病预防与社区健康教育

健康是人人应当享有的基本权利，是社会进步的重要标志和潜在的动力，进入21世纪，社区健康教育与社区疾病预防作为社区健康服务的重要组成部分，已成为社区居民普及健康知识、防范疾病发生的重要途径。

（1）社区疾病预防。社区健康机构分布在居民的居住地，就诊方便，还可进行入户服务、定期健康检查和预防保健。现实生活中，许多疾病可以做到早预防、早检查、早治疗，针对人口老龄化发展趋势定期开展体检和采取保健预防措施，可以大大减少大病爆发产生的巨额医疗费用开支。人类三分之一的疾病可通过预防保健避免，三分之一的疾病可通过早期发现得到有效控制，另外三分之一的疾病可通过积极有效的医患沟通提高治疗效果。许多疾病的发生还与人们不健康的生活方式密切相关，倡导健康的生活方式，把健康带给社区居民，这样可以更好地节约卫生资源，减少医疗费用。社区是预防、防疫工作的第一线，预防医学服务是社区医务工作者的重要责任。社区医务工作者能够深入社区了解其存在的主要健康问题，开展社区居民健康状况评价，从而可进一步深入开展疾病一级防御，消除致病危险因素，改变不良行为因素和不健康生活方式，促进社区居民健康。这点恰恰是专科医院所难以做到的。定期开展社区居民健康检查，可以真正做到早期发现、早期诊断、早期治疗，有利于患者治愈。社区医疗保健服务有助于社区患者的康复、防止病情恶化、对症治疗、减轻患者痛苦，延长寿命，防止病残或残而不废，为癌症等晚期患者及其家属提供生理、心理和社会的全面支持和照顾。社区临终关怀，这也是专科医疗机构不易开展的一项重要工作。现代社区预防工作的内容主要包括：广泛深入开展卫生宣传；开展计划免疫，适时按规定的免疫程序进行免疫预防接种；

认真执行疫情报告制度，做好疾病监测工作；积极开展防疫保健工作和爱国卫生运动；进行食品卫生监督，加强饮食、服务行业和集市贸易的管理；开展社区居民健康检查和社区人群健康状况评价；积极控制社区不良行为因素和不良社区方式；开展社区临终关怀工作。

（2）社区健康教育与健康促进。社区健康教育是指以社区为单位，以社区人群为教育对象，以促进居民健康为目标，有组织、有计划、有评价的健康教育活动。让社区人群积极参与健康教育与健康促进规划的制定和实施，养成良好卫生行为和生活方式，以提高自我保健能力和群体健康水平。社区健康促进则是指通过健康教育和环境支持改变个体和群体行为、生活方式和社会影响，降低本地区的发病率和死亡率，提高人民的生活质量和文明素质。这就要求社区政府采取行政措施，从组织、政策、制度、经济等多方面对健康需求提供支持，不断完善社区卫生服务，为群众创造健康的生活条件、工作条件等生存环境。社区居民的健康是社区发展的重要目标之一。众多疾病和社会健康问题可通过社区健康状况反映出来，社区健康服务机构是城乡社区居民健康状况的保护者和社区健康事业规划的实施者，而健康教育是社区健康服务机构的主要功能之一。将健康教育与健康服务纳入社区健康服务机构的任务，为社区居民的身心健康服务，也是我国卫生保健事业的一个重要组成部分。社区健康服务是综合的、连续的健康保健服务，以家庭和社区为服务对象，为人们提供包括促进健康、预防保健、合理医疗和社区康复等全面服务。随着老龄化社会的到来和城乡居民生活水平的提高，发展社区健康服务是满足群众日益增长的健康需求，落实初级健康保健各项任务的集中体现。围绕"建设健康社区"这一目标，社区健康教育与健康服务从整体上对社区群众的健康相关行为和生活方式进行干预。其范围和内容极为广泛，涉及个人、家庭、群体身心健康，贯穿于社区医疗保健服务的各个方面。它既适用于急、慢性疾病的防治，又适用于社区生态和社会环境的改善；既可满足社区居民对社区医疗保健服务的利用，又可促进社区医疗保健服务质量的提高，为社区居民创造健康的社区环境。对于社区居民来说，普及健康知识，建立科学的生活方式，如不吸烟、少饮酒、合理膳食、适量运动、心情愉快、定期体检等就可以使他们避免某些疾病的发生或使症状缓解。不生病或少生病，不仅可以大大节省医疗费用的开支，更重要的是可以减轻患者的病痛。人从出生到死亡经历着很多阶段，而老年期是最后的阶段。转变医疗保健观念，使人们更多地注重预防。预防保健事业的发展可以降低人群发病率，提高人民生活质量。社区健康教育可以采用灵活多样、各具特色的教育形式，通过语言教育（采用口头交谈、健康咨询、座谈等）、文字教育（采用标语、健康教育处方、卫生小册子、折页、卫生报刊、卫生墙报、卫生专栏等配合图片、照片、电视）、门诊就诊即时教育和定期健康教育专题讲座结合的形式以增强宣教效果，使社区健康服务中心健康教育的内容得到恰如其分的表现，使受教育者易于接受，产生良好的教育效果。

四、医院预约挂号和陪护服务

在"互联网+"的大环境下，传统经济形态也不断更新迭代，从而推动社会各方面以前所未有的速度进行改革。为缓解医院门诊挂号压力，根据原卫生部关于预约挂号的文件要求，预约挂号已在全国各大医院相继展开。建立安全、稳定、操控性强的预约挂号平台，开通多种方式的预约挂号渠道，保证充足的预约号源、宽裕的预约时间以及提高专家应诊诚信度是顺利开展预约挂号的关键。社区陪护服务包括养老护理服务和医疗护理服务，在老龄化加速的今天，社区老年护理服务势在必行，为社区养老提供专业性的护理服务，对于创新社区养老服务体系具有重要意义。

1. 开展预约挂号方便群众就医

计算机牵动着社会的发展和变革，也体现在医疗机构服务上，很多医院并未实现完全信息化管理预约挂号流程和预约挂号信息。挂号作为医院一大难题，我国医院对挂号信息的处理还基本停在门诊大厅等候排队上，劳动强度大并且其工作效率极低，大家耗费很多时间在这种信息流量的输送中，致使医疗资源空闲和多余，病人全部拥挤在门诊大厅，给医院秩序造成影响。综合性的大医院每日门诊流量大，门诊拥挤已经是家常便饭，医务人员花费较多时间在事务性工作上，消耗医院资源，降低了为患者服务的质量。随着计算机技术和网络技术的发展，医院预约挂号有着很好的应用前景，用它来代替医院现场挂号，实现患者看病挂号网络化是一个必然趋势。使用预约挂号并对挂号信息进行有效的管理和分配，能改善医院经营和减轻负荷。医院预约挂号系统服务是医院分配医生时间资源的第一入口，在未来大数据的状况下，能收集病人的病况信息，用于病况深化医疗提供数据分析的依据。在传统的挂号模式中，专家的挂号资源分配在各个预约机构，各个预约机构根据取得的预约资格为患者提供预约，患者预约之后只是取得了一个挂号资源的顺序号，保证能看得上。有的地方资源不够用或者通过走后门出现了不公平和不平等的对待，然而实时在线、网络挂号和电话挂号系统通过互联网络与医院的信息系统实时相连，会从根源上避免很多问题。为了规划和推动预约挂号服务，原卫生部发布了《关于在公立医院施行预约挂号服务工作的意见》，要求在推动医院开展预约挂号工作的同时，提高对预约挂号服务工作的认识、加强对预约挂号服务工作的管理、并认真做好相关组织工作。坚持以方便群众就医、提升医院服务水平为中心。总体上来说，医院医疗机构在未来走向预约挂号和管理信息同步，真正意义上实现全面覆盖将是必然的，病人信息管理统计用户所有病理特征并输入整体的一个数据库，且不断完善和发展，为以后的管理和大数据分析筑好基石。很多医院有自己的挂号和预约服务，也有很多平台把医院资源整合在一起，方便患者选择医院、科室和专家。医院信息管理系统不仅包括预约挂号系统，还有电子病历管理信息系统，住院处管理信息系统，护士站信息管理系统等，医院需要把这些系统联系在一起，从预约挂号到治愈出院，这些系统中的数据都是统一的。病人就诊的信息需要对外保密，且病人就医的临床数据对于临床医学的发展和进步又有很大的意义。

2. 社区护理服务面临的突出问题

《国务院关于加强和改进社区服务工作的意见》强调，要逐步建立覆盖社区全体成员、服务主体多元、服务功能完善、服务质量和管理水平较高的社区服务体系，这是在认真总结我国近30年社区服务实践的基础上，充分考虑新形势下社区服务发展的需要而提出的纲领性文件，同时也为我国物业管理的服务创新展示了广阔的空间。在社会快速发展的今天，人们对于社区护理服务的要求日渐提高，然而当前社区护理服务工作还不能适应经济和社会发展的现状，因此，急需建立和完善现有社区护理管理体系，促使社区医疗服务快速发展。社区护理作为医疗卫生事业、社区卫生服务不可缺少的部分，在我国的医疗卫生领域发挥着不可替代的作用。由于国内社区服务尚处在试点阶段，社区护理服务也不成熟，目前在社区护理工作中还面临着一些突出问题。一是组织管理系统不健全。在我国，虽然相关部门近几年提到要发展社区护理，但从机构的管理到经费的预算上却很少向社区护理倾斜。从政策上，虽然原卫生部颁发了有关发展社区护理的文件，但尚无具体的规章制度及实施计划，卫生部以下的各级卫生部门更是少有相关措施出台。目前，我国社区护理机构尚难以得到大型慈善组织或有关人士的大力捐助，限于国力，也难以由政府拨巨款资助，但通过某些政策倾斜可以使社区护理机构通过自身的努力不断发展壮大，使更多的人能够享受到基本的健康保健服务。二是政府及政策的支持明显不足，社区护理工作缺少经费。限于经济条件，社区护理工作存在许多的困难。例如，上门服务时欠缺交通工具和通讯设备，造成社区卫生服务部门与社区人群联系不便，这样就对社区护理工作质量和效率产生较大的影响。要落实社区护理服务关键就在于是否能得到政府的大力资助。全面推广社区护理工作，可以使社区护理机构不断发展壮大，使更多的人能够享受到基本的健康保健服务。三是缺乏社区护理专门课程培训及专门人才。目前社区护理工作大多由离、退休护士承担，她们对社区护理工作充满热情，工作认真负责，为社区居民解决了不少健康问题。但她们均未接受过正规的社区护理训练，在开展社区护理工作中难度较大，也难以适应未来社会的社区护理需求。四是社区护理提供的服务内容还存在一定的局限性。由于我国社区卫生服务起步较晚，而且受传统的观念以及传统的护理模式的影响，社区护理工作内容与医院类似，服务内容有限，开展的大部分项目就是静脉输液、家庭出诊、健康咨询等。社区护士承担的角色就是医疗照顾角色，对人群的健康教育和疾病防治咨询服务较少，实际提供的社区护理服务内容离国家要求和居民需求都有一定差距。五是居民保健意识不成熟，生活质量不高。大众防病及保健意识淡漠，卫生习惯差，"能吃、能睡、能工作即是健康"的观点依然存在。在社区，尽管老年病、慢性病及伤残者越来越多，但由于种种原因，也难得到及时有效的医疗保健。在国人的观念中，护理从属于医疗，不是一门独立的学科，不仅社会上的人们有这种认识，就连医务人员也这样认为，这种观念不仅远远落后于国外，阻碍了护理学的发展，同时也势必影响到社区护理的开创与发展。护士职责被认为是以协助医生完成医疗工作为主，未被提升到促进和维护人类身心健康的高度，对于护士的社会价值不能充分认可，尤其对于护士独立自主的护理服务持怀疑态度。

3. 社区护理工作需要不断完善和创新

发挥创新精神，不断完善社区陪护服务的内容与模式，是推动社区和谐建设必不可少的要素。我国的社区特点决定了我们社区护理的内容与模式，要加大创新力度、发展适合我国国情的社区护理工作，就要使护理工作进入人们生活中与广义健康有关的各个领域，这需要有更多的社会支持。完善社区护理工作的发展，也是为构建和谐社会、和谐社区作出努力。

（1）坚持体制创新，建设多元化社区护理服务网络。现在社区卫生服务举办主体发生了变化，逐渐打破部门垄断，调动社会各种资本加入社区卫生服务，拓宽了筹资渠道。发展的趋势将是政府主导、鼓励社会参与，有计划、有步骤地建立健全以社区卫生服务中心为主体，以诊所、医务所（室）、护理院等其他基层医疗机构为补充的社区卫生服务网络，社区护理将在不断完善的服务体系内发挥更大的作用。

（2）创新制度管理，完善社区护理运行和监管机制。通过制定各项管理制度，明确各层次社区护理人员的服务职责，按照满足服务需要和精干、效能的要求，规范社区卫生服务机构中社区护理组织的设置条件和标准，依法严格其服务机构、社区护理人员和社区护理服务技术项目的准入，健全社区护理服务技术操作规程和工作制度，完善社区护理服务考核评价制度，推进社区护理服务信息管理系统建设。逐步实现计算机化管理，为社区健康资源共享及双向转诊服务提供必要的条件。

（3）创新服务内涵，实现全方位社区护理。根据社会发展以及人们对健康的认识不断深入，社区护理服务将以需求为导向，积极拓展服务内涵，增加服务项目，使社区护理服务更加系统化、规范化和专业化。社区护理将在健康教育、健康指导、家庭护理、康复指导、病人及健康人的营养指导、妇幼及老年人保健及心理咨询等方面发挥更大的作用。

（4）创新护理模式。以居民需求为导向，以健康促进模式为指导，落实社区护理工作服务功能中"防、治、保、康、教"一体化的护理服务，以"贴近人群、贴近生活、贴近社会"，提供康复服务、保健指导、健康教育为护理服务内容，结合实际情况分别推行新的社区护理模式和护理理念。

（5）护理服务方式创新。针对一些慢性病、老年病、手术康复期病人，患者出院后身上可能带着尿管或引流管等定期需要更换的东西，时间一到就要回大医院换，只要患者提出申请，出院时由医院填写"社区延续性护理转诊单"，患者持转诊单到社区卫生服务中心就能得到各项服务，让双向转诊更顺畅，让便民惠民服务更贴心。针对群众看病难、看病烦的"痛症"精准开出"药方"。

（6）陪护服务全面创新。一是用"多领域"概念与医院的专科护理结合，进行全面的护理服务指导。建立"家医家护"责任制，以家门前的保健责任人制营造亲情氛围。以"整体护理模式"进行健康档案的建立及家庭访视制，应用护理程序落实家庭访视，督导患者的"遵医行为"。二是培养大、中护士院校的护士学生的"义工护理服务模式"。学生在节假日定期以聊天的"话疗"及生活服务为主的形式进入社区，为病人、老人、残障人服务，让学生能早日接触社会，体验帮助人的乐趣，激发爱心和奉献意识，巩固对护理专业的热爱，给病人以情感支持，以无偿的服务培养其奉献爱心的热情，拓展了护理服务的内涵和功能。三是根据个体需求建立"家庭护理模式"。让患者能在家中得到安全有效的护理服务，发挥社区护士独特的医护功能，在家庭环境下为残疾、慢性病患者提供所需的医疗护理服务及必要的日常生活指导，促进其康复和提高生活、生命质量，并尝试采用Moos的适应模式护理临终患者。四是初步奠定在医院和社区护理之间形成"联动、互动机制"。社区卫生服务部门对急、重病人帮助联系、引导其到专科医院就医，使患者得到及时救治，同时使经过医院诊治、正处于康复期的患者及明确诊断的慢性病患者，在家中也能得到规范的护理服务及照顾。五是扩大服务范围。社区护理的需求在日益扩大，需在服务机构上能保障社会发展的需求，在功能上可设立保健所、临终关怀所、老人院、康复中心等，在服务对象上，加强对社区儿童和老人的护理，使便利、经济、及时的全方面护理服务在开展社会护理工作中得以实现。提高社区群众的保健意识，使其改变不良习惯，乐于主动寻求护理服务，支持和参与社区护理服务。同时加强国际间的合作交流，使中国国情和国外经验相结合，提高护理质量。

五、康疗设备社区服务

康复医疗产业是医疗服务行业的一个重要组成部分。在发达国家，康复产业已经成为较成熟的医疗体系。目前，我国康复医疗产业处于发展初期，呈现出资金投入较少、供给不足、康复机构规模较小以及配套设备落后的现状，未来养老、医疗体系将面临巨大挑战。联合国人口司预测，我国60岁以上人口将会在2020年达到2.45亿。其中大约有1亿老年人口有康复需求。而目前需要康复治疗的人群中，超过4/5均无法及时接受正规的康复治疗。随着市场需求不断激增以及扶持政策的加码，康复器械作为提高失能者及老年人生活质量的重要工具，受到市场的关注。

社区物业管理升级与服务业个性融合发展新路径

1. 走出社区康复认识上的误区

在国际上，康复一词是重新得到能力或适应正常生活的意思。现在英、美等国将伤残人的医疗福利事业综合称为康复。1981年世界卫生组织医疗康复专家委员会给康复下的定义："康复是指应用各种有用的措施以减少残疾的影响和使残疾人重返社会。"目前国际上仍用这一定义。我国早期把康复作为疾病后完全"恢复"的同义词，一般指患病后健康水平下降，治疗和休息后恢复到病前的水平。由于我国对康复的理解不同，认为任何疾病之后都有康复过程，任何医学专业都涉及康复，所以康复在我国发展缓慢。近年来对康复有接近国际的认识，认为康复绝不是现有医学的延伸，而是有独特的治疗对象、目的和方法的独立专业，康复不是百分之百的恢复，康复需要复杂的技术，病残是人类存在的必然现象，因此残疾及其康复是全人类和社会都应关心的问题。社区康复医学是指在社区层次上对所有功能障碍对象采取综合康复治疗和指导的过程，无论是急症医院或康复中心医院的部分患者，还是社区内的其他需要康复的对象，都需要在社区层次继续康复治疗的指导。社区康复是整个康复医疗网络的基础终端，是整个康复过程中的重要组成部分。现今社区康复发展存在的问题主要有：一是对社区康复的概念认识不清。认为社区康复应该是在社区内实现所有的康复需求。实际上，社区康复应是以社区为基础的康复，应着眼于以社区为载体，通过社区资源整合，使残疾人士获得所需服务，该服务或者来源于社区内的自生资源，或者来源于外界的专业力量。二是社区康复的定位没有从专业化角度考虑。传统社区康复是"就近、就便、简单、低成本、广覆盖"等，实践中更是有意无意地将专业化服务与社区康复对立起来。在各地蓬勃发展的社区康复中，其主力依赖的服务力量有两大类，一类是康复协调员、残疾人专干、社区居委会工作人员、志愿者（大部分是退休人员与家属），另一类是社区全科医生；前者对一般康复指导知识和技能掌握有限，开展社区康复服务在能力上还明显不足，而后者从临床内科转岗培训而来，对系统性康复知识和技能掌握也有欠缺，严重影响社区康复服务质量。三是康复经费短缺，影响社区康复的可持续发展。康复训练需要长期坚持，目前社区卫生服务中也没有专项社区康复服务经费，影响了康复服务的推广和可持续发展。因此在康复服务资源有限，特别是人力资源有限的情况下，如何实现社区康复专业化、提升康复服务质量，成为困扰社区康复管理者与服务者的难题。四是社区康复的专业化有待提高。目前，各地社区康复由专业康复机构承办的很少，康复中心或综合医院康复科多在技术上给予支持；民间的康复服务机构又很难得到社区康复管理者的信任，管理者不愿意将资源放手；此外，传统社区康复不依托机构进行。实质上社区康复要想做得有效果，是离不开专业化服务的。

2. 加强社区康复服务设施建设投入

社区康复是在社区层次上（城市小区、街道、农村乡镇、村）开展的康复工作，向伤残人士、慢性病患者、老年病患者、残疾儿童提供"就地、就近、方便、实用、简易、低廉、有效"的康复服务。我国目前残疾人已达到8500万人，其中5000多万人有长期的康复需求。同时，随着我国老龄化社会的加深，全国60岁以上老年人口已经达到1.85亿，其中需要康复服务的约7000多万人。此外，估计至2030年，我国慢性病患病率将高达65.7%，其中80%的慢性病患者需要康复治疗。庞大的康复需求，需要相应的康复资源的建设与供应。康复医疗过去被误认为属于锦上添花的高层次附加的医疗服务，因而在过去相当长的一段时间被排斥在基本医疗之外。近年来，随着我国对康复医疗事业新的理解与认识，康复并列于预防、临床和保健医疗服务，成为基本医疗的四大支柱。原卫生部把运动疗法、偏瘫肢体综合训练、脑瘫肢体综合训练、截瘫肢体综合训练、作业疗法、认知知觉功能障碍训练、言语训练、吞咽功能障碍训练、日常生活活动能力评定九项医疗康复项目纳入基本医疗保障范围，促进了康复事业的发展。康复医学是在临床上应用运动疗法、作业疗法、物理因子疗法等手段，达到预防、恢复或代偿患者功能障碍的一门医学学科。无论是运动疗法还是其他方法，要想取得最佳的治疗效果，除了专业人员的手法技术以外，必要的康复设备和专业工具也是必不可少的，康复专业设备是治疗师得力的左右手。不同仪器的使用，不仅可以让治疗师有更多的时间和精力去为患者服务，同时也可以增加患者的兴趣，使其主动积极地接受治疗。然而我国社区普遍存在康复设备缺乏并且陈旧落后的问题，并且缺乏现代化的康复业务管理软件系统，无法满足康复治疗要求以及患者需求。根据《综合医院康复医学科基本标准》要求，综合医院内的康复科必须独立配备运动心肺功能评定设备、肌力和关节活动等评定设备以及连续性关节被动训练器、训练用阶梯、运动控制能力训练设备、功能性电刺激设备、减重步行训练架及专用运动平板等治疗设备，显然现阶段我国综合医院康复科室大部分尚未达标。因此，在现阶段政府的大部分投资都是填补大型综合性医院的缺口，相对来说，对于社区医院的投入不足并且分散，无法满足需要长期康复治疗患者的基本需求。为此，各个社区应根据实际情况，协调多方力量开展康复站建设，全面配备适合不同程度的需要康复者进行康复锻炼的康复器材，并充分发挥康复器材的使用效益，对康复器材做好集中统一管理使用，妥善存放，提供康复器材使用空间。对康复器材存在的损坏情况及时进行处置，使之能够正常使用。

3. 多种模式发展社区康复事业

当代我国医疗卫生改革发展的趋势集中体现为服务内容多层次、提供主体多元化。我国医疗服务内容层次可以概括为预防服务、医疗服务、保健服务及康复服务四个方面，每一层次服务内容又可以分为若干服务内容层次。目前我国康复服务资源有限，康复机构，即康复中心或综合医院的康复科，仅能接受极少数有康复需求的患者，康复机构技术力量雄厚、设备先进，但收费较高，大部分患者难以承受。社区康复服务覆盖面广，收费低廉，受益人群广。因此，为实现"人人享有康复服务"的目标，必须大力推进社区康复服务。目前我国社区康复的主要模式有：世界卫生组织倡导的模式；社区服务模式；社区卫生服务模式；为某一类伤残人开展的社区康复模式等。由于社区康复在我国开展时间不长，允许各种模式存在，各种模式均为残疾人和康复对象提供全面的康复服务。各种模式应向理想的社区康复模式发展。

（1）政府在社区康复中发挥主导作用。我国社会结构严密，政府在各项事业中有主导性、权威性和有效性，这是我国社区康复发展的有利条件。社区康复在《中华人民共和国残疾人保障法》中已有明确规定，国家要大力发展社区康复；社区康复已纳入国家社会经济发展计划中。

（2）网络推动社区康复工作。20世纪50年代在我国建立的"三级医疗卫生网"和"社会保障网"，随着初级卫生保健工作和社区卫生服务的开展不断完善，以区（县）为主导，以街道（乡镇）为枢纽，以居委会（村）为基础，在行政管理和业务管理上均实现三级管理，采取社会化的工作方式，依托社区卫生服务保健网，或社会保健网，或康复工作网等网络和资源开展康复工作。

（3）不断地完善社区康复网络。社区康复工作对上要有上级资源中心和管理机构给予支持、指导和监督管理，对下要有基层康复站或康复员执行日常到家到户的家庭康复、自我康复的指导。康复治疗技术的培训和传输可以通过网络而经常化。为了遵循康复的原则和达到康复的目标，社区卫生服务中心在医疗改革中应不断更新观念、更新技术、更新设施、更新服务项目，在全科医疗中接受康复医学这门新的学科和新的任务。

（4）社区康复中传统医疗康复技术的应用。中国几千年的传统的医疗技术在社区康复中发挥着重要作用。广大伤残人，特别是农村伤残人，对中草药、针灸、按摩、推拿、气功、太极拳等传统中国医疗康复方法信任、接受，它既省钱，又有效，有着强大生命力。将现代康复技术与我国传统的康复技术结合，这是我国社区康复技术的特色。

（5）康复医疗服务形式可以灵活多样。各地社区卫生服务中心开展社区康复医疗一般采用的是在社区卫生服务中心的门诊和病区进行康复功能评定和康复治疗，开设家庭康复病床，定期派医务人员上门到户为伤病者和残疾人进行康复治疗，也可以采取流动康复医疗服务的形式，组织社区康复小分队，携带简便功能评估器材和训练器械，定期到边远村镇提供巡回康复评估和康复治疗服务。指导在城市街道居委会或农村自然村的基层康复员开展上门到户的康复功能训练。

（6）社区康复的方式及方法并非是唯一的、固定的模式。社区康复应该遵循实事求是的原则，同时必须结合当地的实际情况，在既符合国情又符合当地条件的模式下来进行运作，最终达到有效的、可持续发展的目的。因此，多模式地开展社区康复（包括社区医疗康复）是必然的，也是合理的。不管采用什么模式，都应该体现出开展社区康复的宗旨、特点和优越性。因此，无论哪一种模式的社区康复，都应该体现出就近就地提供康复服务、康复治疗简便廉价、患者负担得起、康复服务到家到户分散进行、发挥和尊重患者参与康复的积极性等特征，为住在社区基层的老弱伤病患者就地、就近、省钱、省力、及时地提供康复治疗和服务。

参考文献：

1. 姚尚满，段志光. 基于社区营造的社区健康人文[OL]. 基础医学教育，[2017-12]. https://wenku.baidu.com/view/23a2bf35ba68a98271fe910ef12d2af90242a8cf.html.

2. 吴浩，刘新颖等.《互联网+社区卫生健康管理服务》标准化建设指南[OL]. 中华全科医师杂志，[2017-4]. https://wenku.baidu.com/view/2362fc5b640e52ea551810a6f524ccbff121ca36.html.

3. 任建宏. 试述完善以社区为中心的老年人医疗保障体系的方法与途径[OL]. 医药卫生，[2009-6]. https://wenku.baidu.com/view/50cc163f27284b73f3425022.html.

4. 刘全喜，秦省等.《社区卫生服务管理与营销》[OL]. 河南：郑州大学出版社，2002.

5. 马金，赵守彰，柯红. 康复治疗技术专业社区康复服务模式探索与实践[OL]. 卫生职业教育，[2015-19]. http://xueshu.baidu.com/usercenter/paper/show?paperid=90216c6455dc12393dc1c4d8eb6d9e46&site=xueshu_se.

6. 郭绒霞. 当前药品批发销售中存在的问题[OL]. 菩提文摘网，[2018-06-13]. http://www.ptsmy.

com/zhiye/99627.html.

7. 陶家虎. 社区居民健康体检规范管理的思考[OL]. 中国社区医师(医学专业)，[2012-21]. http://www.cnki.com.cn/Article/CJFDTotal-ZGSQ201221323.htm.

8. 吴建萍. 社区护理服务内容与创新[OL]. 医学新知综合版，[2012-06-01]. http://www.duyuanfan.cn/qikan/yxxa201203433.html.

社区物业管理升级与服务业个性融合发展新路径

何开秀点题：

社区居家养老

从现在开始往后几十年的时间里，我国的养老服务市场需求很大，主要是指日常的生活照料、医疗护理、学习、娱乐、家政服务、旅游服务、心理咨询等，除此以外还应该重视老年人的精神生活，让老人"老有所乐、老有所学、老有所为"才是养老服务业发展的方向。就养老话题我分享三个方面的观点：

第一方面，尽可能在社区居家养老，需要特殊护理的才进养老院。

第二方面，抱团养老，减少子女的压力。

第三方面，打破旧观念、鼓励黄昏恋，增加生活乐趣。

1. 尽可能在社区居家养老，需要特殊护理的才进养老院。养老是我们每一个人都要经历的人生过程，有孩子在身边的，养老问题相对较少，身边没有孩子的老人有时候需要人来帮帮忙时就会出现实际问题。因为我们自己把自己关闭在房子里，大门一关铁门一锁，隔壁姓甚名谁都不知道，这种生活方式我们老人需要改变。随着科技发展，社区服务业日益完善，我们可以在家呼叫服务，社区邻居接到服务需求就可以按照要求来为老人提供服务，还实现了消费就有福利，把老人的养老服务变成了消费生产力，通过消费也在为自己增加收益和福利，钱是越花越有，只要我们老人能够自己解决自己的问题就可以为儿女减轻负担。

现在的孩子们生活也不容易，我们都是过来人，已经深有体会，孩子们赡养老人是本分，可是为孩子们减轻负担也是我们老人应该考虑的。社会养老是社会文明进步的基本保障，我们通过社区养老服务和消费福利保障服务完全可以支撑起我们幸福的养老生活，当然需要特殊护理的老人还是建议去养老院养老。

讲到社区居家养老还有很多需要完善的地方，也正因为需要完善才产生出新的商机，比如：

① 很多社区为老年人日常生活提供的服务还无法满足需求，这就说明社区养老服务业的发展还有很大空间。

② 社区康疗服务和老年保健有待升级，我们可以建立更方便实惠的基础性康疗服务来作为社区的大健康服务和养老基本服务。

③ 多组织一些适合老年人的活动，开展一些社区之间的竞赛，提高老年人参与的积极性。

④ 培养老人积极乐观的生活态度，重视老人的精神生活质量。

⑤ 发挥市场作用，组织发展社区养老的专业服务团队，鼓励社区居民参与社区养老服务的提供。

以上这些都是机会，社区养老一定是未来养老的主流，我们要挖掘社区养老服务业的需求，提升社区养老的硬件条件，完善社区养老服务的内涵，以便更好地配套社区服务业的全面发展。

2. 抱团养老，减少子女的压力。抱团养老是从我们的生活周围和我们过往经历过的生活习惯中想到的一种养老形式，近年来，抱团养老已经有很多的经验了。虽说算不上非常成熟，但已经可以解决很多问题。在这里我就简单谈几点想法：第一，抱团养老的几种情况。第二，抱团养老需要注意的事项。第三，抱团养老可能遇到的问题及处理办法。

第一点：抱团养老的几种情况。抱团养老只适合具备自主生活能力的老年人群，我们可以分不同情况的抱团，比如：

① 兄弟姐妹以及亲情家族抱团养老；

② 同学老乡之间抱团养老；

③ 好朋友之间抱团养老；

④ 兴趣爱好相同的朋友抱团养老；

⑤ 单位与社区邻居之间抱团养老。

我们要抓住老人的需求，按照老人的需求来创造机会，给老人自由、轻松、舒适、自信的生活环境，这是养老要达到的效果。针对有自主生活能力的老人来说，老有所乐、老有所学、老有所为是老人最觉得有价值的事情，我们要为他们创造这样的环境。比如，相同爱好的朋友抱团养老，他们在一起的更多时间是相互学习，相互切磋，比如书法爱好抱团、画画写生抱团、厨艺比拼抱团、棋友抱团、牌友抱团、麻友抱团、太极好友抱团、广场舞姐妹抱团，凡是有共同爱好的相聚一起抱团养老，彼此间可以建立交流、沟通、学习、切磋、互动的关系。再如老同学、老同事、老朋友之间，在退休以后都会组织一些聚会，甚至抱团旅游，抱团小住，也可以延伸到抱团养老。

我们这一代很多人都当过知青，都有过集体生活的经历，也懂得相互关心和相互照顾，现在大部分的家庭都是独生子女，一对独生子女夫妇最多要赡养12位老人，还有自己的孩子，想想他们的压力也真是够大的。怎样才能减轻孩子们的负担，让他们生活轻松一点，我们能够为他们做的重要一点就是尽可能不要给儿女添麻烦。

第二点：抱团养老需要注意的事项。

① 抱团养老基本上都是自发的组织，所以抱团的生活费用包括房租、生活成本、行为准则等，都需要有一个约定和遵守，这就需要抱团养老的组织者自己要有一个抱团养老的相关约定条件，在抱团之前最好都签约，按照约定来抱团。

② 生活中的家务琐事怎样安排，既然是抱团养老，一定是自己的生活问题要自己解决，力所能及的事情需要自己来完成，集体生活需要集体分工互助，轮值解决。

③抱团养老生活的人数不要过多，也不要少于四人，小病小痛的可以大家相互照顾，需要送医院时还是最好采用"点单服务"来完成。什么是点单服务，就是由专业的社区养老公司提供的手机APP上选择服务科目，就好比网约打车一样，只是这里点击的是服务科目，社区居家养老服务公司的执业者会按照顾客的要求来为消费者提供服务的一种方式，我们称之为"点单服务"。这套方案已经开始实施，只是需要本社区物业管理公司升级服务，就可以实现社区服务的全方位普及。

④抱团养老在一定程度上可以降低老人的人均生活成本，最起码一日三餐都有伙伴一起，生活热热闹闹吃什么都开心，在一定程度上缓解空巢老人的心理问题。

⑤抱团养老的方式还可以像外国人一样，把老人的房子出租一部分给年轻人，房租可以便宜一点，但家务卫生年轻人帮助老人多做做，也是一种协调养老的方式。

第三点：抱团养老可能遇到的问题及处理方法。

①身体不方便的老人是不适合抱团养老的，最好的方式还是进养老院，条件好的可以托管给社区居家养老服务公司进行托管服务。

②有人担心时间长了就会起矛盾，大家住在一起，就会面临家务日常工作的分配，金钱支出的分担，彼此人际关系的处理等问题。建议抱团养老前自己要做好思想准备，实在处理不了，更换团队也是一种协调的办法。

③抱团养老需要一定的养老金，我们可以根据自己的经济条件选择同等条件的人一起养老，钱多有钱多的过法，钱少有钱少的活法，不求一样，只求适合。

④怎样减轻养老金负担，充分利用好消费福利卡带来的积分福利，可以让老人越消费越有钱。积分福利的月月分红能够增加部分收益，贴补养老金。

⑤怎样实现免费医疗补贴，一定要把消费福利卡里的积分积满1万分投入消费福利保障池，就可以终身获得国家医保范畴的自费部分的医疗补贴，最高可达40%。

⑥怎样增加老人的养老收益与孩子的养育费用，我们可以选择先把老人的消费福利卡积满1万分，让老人首先获得医疗补贴计划，同时每月还有积分福利收益，每

社区物业管理升级与服务业个性融合发展新路径

月的积分福利收益可以补贴部分养老金，减轻养老负担。当老人自己消费时，又可以把消费积分汇集给子孙，让子孙们的消费福利积分也能够为孩子们分担一些经济压力，真正实现儿子赡养父母，爷爷照顾子孙，一代反哺一代，代代相传。

⑦ "点单服务"满足老人养老生活。"点单服务"是社区养老服务业利用互联网平台提供的一种传递服务需求和满足需求的交流方式。消费者把自己的需求通过手机APP点击服务科目、服务时间、服务地点等，社区养老服务的执业者就会在系统里接到需求信息并根据自己的时间安排接单，按照要求上门服务。

⑧ 抱团养老的环境改善。城市周边的农家小院是抱团养老最好的环境，但老人有个人生活习惯需要独立卫生间，这就需要对养老用的房屋做需求改善，给抱团养老建立适合的生活环境。

⑨ 社区抱团养老的房屋调整。在社区大家都有住房，但都不适合抱团养老居住。建议社区房地产商或者相关机构可以在社区建筑的一楼选择适合的位置改造一些适合抱团养老居住的房屋院子，老人可以把自己的房子出租出去，换来的房租可以用一部分在抱团居住的房费上，还能增加收益提高养老生活品质。

3. 打破旧观念、鼓励黄昏恋，增加生活乐趣。我只想谈谈老人黄昏恋的意义。

① 老人黄昏恋的好处不仅仅只是对老人好，对子女的好处可能比对老人还要多。老人黄昏恋以后有自己的情感生活，不会把所有的注意力都放在子女身上，对子女来说是减轻了精神压力，因为年轻人有自己的生活，可能无暇顾及老人的生活，老人身边有伴儿也无需子女过多照顾。

② 有利于养老生活，让老人的生活充满关心和爱护。大多数的人是有依赖性的，人越多安全感越强，身边有伴侣心里就踏实，不是所有老人都具备独立生活的能力，对子女依赖越大的老人往往更希望身边有老伴儿可以依赖。

③ 黄昏恋是老人重新建立生活乐趣的路径，做子女的应该给予支持，只要老人喜欢就不要过多干预，老人有了黄昏恋就会有自己的生活方式，也就不会依赖子女非要与子女住在一起，也有利于减少和防止对老人的嫌弃。

④ 有利于老人的精神得到安慰，心理健康。人逢喜事精神爽，因为有老伴儿，每天的穿衣打扮都要讲究一些，生活也不会简单对付，生活有规律，生活态度认真，生活乐趣广泛，有生活的意义。

⑤ 人的一生非常短暂，我们好好地回头看看，计算一下，20岁以前父母管着，为了完成父母的愿望拼命学习，也不管你喜欢不喜欢、爱好不爱好，父母对你的爱是必须要接受的。父母用一个爱字绑架了多少年轻人的童年，孩子为什么会叛逆，很多都是因为内心的自己得不到舒张压抑造成的。工作以后压力更大，父母的期望值又很高，怕让父母失望，谈恋爱了又怕对象失望，有孩子了也怕孩子失望，更麻烦的是又把你自己的希望寄托在孩子身上，一代一代地循环往复。我们能不能只做好自己，对得起自己，不要把我们自己的希望寄托在孩子身上，孩子有孩子的世界，孩子有孩子的追求，孩子有孩子的生活，彼此之间能不能放手。如果说人的一生什么时段是属于自己的，我看只有学会放手了，你才能属于你自己，否则你永远没有自己。

⑥ 在生活中感情可以分为这几种：亲情，爱情，友情，这也是人的一生最重要的几种感情。亲情对人们来说在生活中是最为重要的，生养的父母，血浓于水的兄弟姐妹，疼爱自己的姥姥姥爷、爷爷奶奶等。但是亲情就是亲情，取代不了爱情，爱情是两个从陌生人成为相濡以沫相伴一生的人，爱情为生活增添了许多不一样的色彩，是许多人都比较向往的一种情感，哪怕有些人为此受过伤害，但对于爱情的追逐仍然不会停止，所以我们不能用亲情来替代爱情，它们是完全不一样的两种情感。

⑦ 阻碍黄昏恋还有一个很大的原因是老人的财产问题，越有钱的老人黄昏恋的阻力越大，矛盾的焦点是钱财的问题而不是黄昏恋本身的问题。

⑧ 都说远亲不如近邻，这是我们听得最多的话。就算儿女再孝顺，因为离得远老人在有事的时候第一时间伸出援手的多是邻居和朋友，只可惜我们今天的邻里关系发生了一些微妙的改变，高楼和铁门阻隔了邻居之间的信赖，依赖邻居的说法已

经有点儿不现实了，我们只能重构社区服务体系，通过社区服务来实现邻居相互服务，以此重新拉近社区邻居之间的关系，建立和睦的社区。

第五章

社区居家养老

社区养老服务是通过政府扶持、社会参与、市场运作，逐步建立以家庭养老为核心、社区服务为依托、专业化服务为依靠，向居家老人提供生活照料、医疗保健等为主要内容的服务。养老服务业既是涉及亿万群众福祉的民生事业，也是具有巨大发展潜力的朝阳产业。近年来，我国养老服务业快速发展，产业规模不断扩大，服务体系逐步完善，但仍面临供给结构不尽合理、市场潜力未充分释放、服务质量有待提高等问题。随着人口老龄化程度不断加深和人民生活水平逐步提高，老年群体多层次、多样化的服务需求持续增长，对扩大养老服务有效供给提出了更高要求。为促进养老服务业更好更快发展，国务院办公厅印发了《关于全面放开养老服务市场 提升养老服务质量的若干意见》，这是对促进养老服务业更好更快发展提出的指导性意见。其中明确指出，到2020年，养老服务市场全面放开，养老服务和产品有效供给能力大幅提升，供给结构更加合理，养老服务政策法规体系、行业质量标准体系进一步完善，信用体系基本建立，市场监管机制有效运行，服务质量明显改善，群众满意度显著提高，养老服务业成为促进经济社会发展的新动能。

社区物业管理升级与服务业个性融合发展新路径

一、居家养老产品智能化的支持服务

智能居家养老，是新近流行的一种养老概念。最早由英国生命信托基金会提出，它们称其为全智能化老年系统，即老年人在日常生活中可以不受时间和地理环境的束缚，在自己家中过上高质量高享受的生活。智能居家养老系统采用互联网、无线传输等技术手段，使老年人的日常生活处于远程监测状态，保证老年人及时便捷地获得各种生活帮助、康复护理、紧急救助、日间照料、娱乐活动等的服务项目支持，从而满足居家养老社区老人在物质和精神层面的服务需求。

1. 社区养老与社区养老服务

社区养老是以家庭养老为主，社区机构养老为辅，在居家老人照料服务方面，又以上门服务为主，托老所服务为辅的整合社会各方力量的养老模式。老人住在家里，在继续得到家人照顾的同时，由社区承担养老工作或托老服务，向居家老人提供生活照料、医疗保健、精神慰藉、文化娱乐等为主要内容的服务。如社区办老年饭桌、送餐上门、家庭病床、料理家务和"急救铃"等。这些"社区养老服务"就是通过政府扶持、社会参与、市场运作，逐步建立以家庭养老为核心，社区服务为依托，专业化服务为依靠，向居家老人提供生活照料、医疗保健、精神慰藉、文化娱乐等为主要内容的服务。社区养老服务系统的组成由智能平台软件和老人用通信终端设备组成，智能平台软件实现信息交换和记录功能，通信终端实现呼叫功能。现阶段我国社区养老服务模式根据建设资金来源以及运营管理模式的不同主要分为三种类型：一是主要由政府投资建设，设置社会公益性岗位，并聘请相关人员提供服务的社区养老服务设施，目前各地兴建的社区老年人日间照料中心大都属于这种模式；二是政府出资补贴，主要由民间资本建设并管理运营的社区养老服务设施；三是根据市场的需要和老年人的支付能力，各地普遍出现的小型的或者是家庭式养老服务机构，也是一种开办在社区，主要为社区内或邻近社区的老年人提供照料护理服务的一种社区养老服务模式。现在流行三大社区养老O2O服务模式。（1）打造以智能可穿戴设备为基础的智慧养老O2O服务平台。通过可穿戴智能设备的C端连接老年人，可为居家老年人提供定位跟踪、紧急呼叫、日常生活照料服务等。另一端连接社区服务人员、老年人亲属、社会公共组织以及居家养老服务供应商，而智慧养老O2O服务平台整合了线下的医疗健康机构、文化娱乐机构、生活服务机构等，为社区居家老年人提供全方位的生活周边配套服务。（2）打造以老年消费品为基础的电商O2O线上线下服务模式。此类养老O2O服务模式更多以老年人生活消费为出发点，是通过老年人对于日常用品的消费粘性，线上销售，线下到店自提的电商O2O模式。另外，通过前期已布局的社区门店建立起会员制社区老年人社交服务中心，为社区周边居家老年人提供休闲娱乐、疗养健身等线下互动平台。（3）地产开发商的转型及物业管理公司进行升级。现在许多房地产商、房产物业公司，都已围绕社区O2O开始布局，而养老O2O是其中一个重要转型部分。房地产商不仅要建设适合老年人居住的个性化房地产项目，还必须建设具备医疗保健服务设施、养老保险等相关配套产品。社区周边的老年人设施的配置、内部养老专业设备的配置都有很高的要求。以地产为基础的养老文化产业，将会围绕老年人的各种服务业展开，房产商、物业公司长期收益主要来源于运营的地产养老O2O服务项目。

2. 推行社区养老服务的优势

当前许多社区都存在老年设施与服务短缺的问题。虽然也建立了一些老年人设施，在社区空出一个地方作为老年人的活动中心，而且挂了一块类似"老年人社区娱乐中心"的牌子，但由于设施过于简单，服务内容过于单一，致使许多的社区老年人服务中心没能起到应有的作用，存在的问题不少。（1）老年服务形式化严重。有些社区"老年人活动中心"，成为了"年轻人活动场所"，有的成了歌舞厅、游戏室，也有的成了商场、门市房。因此，建立一个真正意义上的、有针对性的老年人服务体系是非常迫切和重要的。（2）从业人员素质偏低，缺乏专业培训。近年来创办起来的养老机构对从业人员的要求缺乏专业标准，普遍雇用的是一些文化素

社区物业管理升级与服务业个性融合发展新路径

质偏低的合同工或临时工，或是出于照顾，吸纳一些下岗女工，在观念上认为这类工作本身就无多少学问或技能，更谈不上专业培训了。其实老年人较婴幼儿和其他年龄段的人来讲，无论是生理还是心理上都呈现出较大的个体差异，更需要专业护理，更渴望体贴入微的温情，照料老年人绝不仅仅是个住宿、衣食问题，更多的是精神和心理问题，只有专业护理人员才能更好地胜任工作，满足老年人的需求。（3）医疗保健和护理设施不健全，服务不专业。随着老年人年龄的增长，特别是高龄老年人口的不断增多，患病率上升，器官功能退化，生活自理能力下降，老年人对医疗保健、家庭护理和生活照料的需求大大增加。然而现在的很多社区在这方面的设施很简陋，只有简单的医务室，没有老年医学方面的专家坐诊，更没有相关的科室设置，不具备医疗急救和提供专业护理的能力。（4）精神文化生活、社交娱乐不够丰富。老年人在离退职以后，生活时间结构起了转折性的变化，需要以合理的休闲来调节及弥合他们因离、退职以后带来的身心、环境等诸多方面的不适应。对多数老年人而言，除了要有较好的物质条件之外，更需要有较高层次的文化与精神生活，追求的是具有丰富精神内涵的养老享老，并且对精神文化的追求还呈现出个性化的趋势。可在这些方面绝大多数老年社区服务内容比较缺乏，除了一些诸如麻将、牌类等简单游戏之外，高品位的文化服务比较少，如人文艺术、花鸟虫鱼、学习交流等。以至于许多老年人，特别是"空巢老人"普遍存在感情寂寞和无助的心理，不利于老年健康。充分认识到这些问题，就能发现推行社区养老服务的优势。（1）相对于居家养老而言，不同代际人员的生存状况客观上提供了社区养老服务发展的机遇。经过30、40年的改革开放和经济发展，大部分老年人口不论城乡之别其自身的经济状况都有了明显的改善，具有消费养老服务的潜在支付能力，形成了基数巨大的对于养老服务的有效需求。与此同时，中青年阶层却日益面临着巨大的生存与生活压力，对于老年人的养老服务除了在资金上给予适当照顾之外，多数人是心有余力不足，无暇亲自参与对老年人的日常养老服务。这样一来，居家养老虽然为大多数家庭所接受，但往往有现实难处，这也为社区养老服务等新兴的行业兴起与发展提供了现实的机遇。在国家鼓励、老年人需要、中青年无暇的情况下，社区养老服务业有着发展的肥沃土壤。（2）相对于机构养老而言，传统的文化观念与机构养老的参差不齐客观上有利于社区养老服务发展。在相当部分的中国人眼中，福利院等机构养老意味着家庭关系的物理与心理分割，使相当一部分老年人心理上不愿意接受，子女也在家庭关系和人际交往上背负较大的心理负担。另外，机构养老服务大多注重了营利性，其服务质量难免参差不齐。这样一来，很多老年人不愿意、子女不放心老年人参加机构养老的情况比较普遍。而社区则与此不同，社区是老年人日常生活的主要空间，熟悉感强，认同度高，以社区服务的形式为居家的老人提供养老服务，具有兼顾家庭生活、社区生活和养老服务的综合优势，可接受性明显高于机构养老。

3. 提升居家社区养老生活品质

我国自20世纪70年代初，便一直推行计划生育政策，在控制了总体人口数量的同时，也催生了新型的家庭模式，即"四二一"模式（一个家庭，四个老人、一对夫妻、一个孩子），这就意味着，两个人需要同时担负四个老人的养老问题。2017年3月，国务院印发《"十三五"国家老龄事业发展和养老体系建设规划》指出，预计到2020年，全国60岁以上老年人口将增加到2.55亿人左右，占总人口比重提升到17.8%左右；高龄老年人将增加到2900万人左右，独居和空巢老年人将增加到1.18亿人左右，老年抚养比将提高到28%左右。随着社会老年人口增长速度加快、老年人高龄化趋势加强和家庭空巢化问题突显，"养老"已经不仅仅是一个概念性的问题了，它开始与每个家庭息息相关，如何养老、怎样养老成为每个人需要考虑的问题。当前社会比较传统的居家养老服务有养老院服务和社区托老所两种，这两者都提供了场所且尽量营造家的感觉，不同的是前者需长期居住，后者可早上去晚上回家，不管是养老院服务还是社区托老所，虽然减轻了儿女们的赡养压力，却满足不了老年人在健康、安全、快乐和生活四大方面的需求，不利于提高老年人的幸福指数。专家表示，人一旦变老，就会形成一种回归的心理，渴望家庭的温暖，

社区物业管理升级与服务业个性融合发展新路径

到了陌生的环境，易产生失落、惆怅和消极的情绪。各式养老模式中，老年人最爱哪种？通过世界卫生组织的调查显示，社区居家养老可以和周围环境融为一体，延续以往的社会网络，使老人的心理更健康，所以他们会更倾向于社区居家养老，应该大力提升居家社区养老生活品质。（1）推进居家社区养老服务全覆盖。开展老年人养老需求评估，加快建设社区综合服务信息平台，对接供求信息，提供助餐、助洁、助行、助浴、助医等上门服务，提升居家养老服务覆盖率和服务水平。依托社区服务中心（站）、社区日间照料中心、卫生服务中心等资源，为老年人提供健康、文化、体育、法律援助等服务。鼓励建设小型社区养老院，满足老年人就近养老需求，方便亲属照护探视。（2）提升农村养老服务能力和水平。依托农村社区综合服务设施，拓展养老服务功能。鼓励各地建设农村幸福院等自助式、互助式养老服务设施，加强与农村危房改造等涉农基本住房保障政策的衔接。农村集体经济、农村土地流转等收益分配应充分考虑解决本村老年人的养老问题。加强农村敬老院建设和改造，推动服务设施达标，满足农村特困人员集中供养需求，为农村低收入老年人和失能、半失能老年人提供便捷可及的养老服务。鼓励专业社会工作者、社区工作者、志愿服务者加强对农村留守、困难、鳏寡、独居老年人的关爱保护和心理疏导、咨询等服务。充分依托农村基层党组织、自治组织和社会组织等，开展基层联络人登记，建立应急处置和评估帮扶机制，关注老年人的心理、安全等问题。（3）提高老年人生活便捷化水平。通过政府补贴、产业引导和业主众筹等方式，加快推进老旧居住小区和老年人家庭的无障碍改造，重点做好居住区缘石坡道、轮椅坡道、公共出入口、走道、楼梯、电梯候梯厅及轿厢等设施和部位的无障碍改造，优先安排贫困、高龄、失能等老年人家庭设施改造，组织开展多层老旧住宅电梯加装。支持开发老年宜居住宅和代际亲情住宅。在推进易地扶贫搬迁以及城镇棚户区、城乡危房改造和配套基础设施建设等保障性安居工程中，要统筹考虑适老化设施配套建设。

4. 社区居家养老产品智能化的支持服务

社区智能居家养老是最适合老人的亲情养老，它是传统居家养老的升级和优化，继续了中国儒家文化的"孝"道精神，既满足老年人对"家"的需要，又合并了网络远程技术和实时健康管理的优势。各地陆续都开始提倡智能化居家养老，让老人在足不出户的情况下通过现代化科技手段完善居家养老质量。（1）当社区老年人独自居家养老时，居家安全显得尤为重要，当老年人居家独处或者走出房屋，出现安全方面的意外情况时，智能居家养老系统中的设备能立即通知警务人员、医护人员或其亲属，使老年人能第一时间得到救助或服务。（2）当社区老年人因饮食不节制、生活不规律而带来各种亚健康隐患时，智能居家养老设备的服务中心也能第一时间发出警报，智能居家养老系统会提醒老人准时吃药和平时生活中的各种健康事项。（3）当社区老年人有生活照顾、商品采购、家务琐事、陪同出行、定期特定服务、法务在线咨询等这些生活服务需求时，可以通过智能居家养老设备发出需求订单，会有社区专项服务公司派专人接单服务，智能居家养老系统可以预约社区生活服务并进行智能化支付，从而解决老年人社区居家生活服务需求。智能居家养老系统通过技术，融合了社区居家养老服务业与物业升级的通道，打通了从社区到家庭之间养老服务"最后一公里"，开辟了新方法、新思路、新方向的社区居家养老发展路径。社区智能居家养老智能化的支持服务，是家庭亲情和高科技的最新结合，为老年人提供日常生活资讯、健康管理、实时安全监控和精神慰藉等服务。它不同于传统的养老方式，因为它既体现了家庭成员的亲情，也融合了高科技的辅助功能。所以，智能居家养老服务实际上是在远程科技的体系上建立的一个支持家庭温情养老的新型社会化服务体系，是其他养老模式的补充与完善。社区养老服务平台立足于云端，服务于社区，结合移动互联等科技手段，与呼叫系统相结合，实现对养老服务工作者、养老服务设施等资源的整合，提供全方位、多层次、一体化的智慧养老，解决老年人社区需求。在老年人口密度高的社区内因地制宜建设面向老年群体的照料中心、活动中心和体检中心。三大中心形成社区居家养老运营的业务支点，除了为老人提供现场服务以外，还可以充分复用产品和服务资源，为社区内老人提供上门服务，增加收入的同时有效地控制运营成本。

5. 社区的物业管理升级与服务业新融合

发展智慧养老服务新业态，开发和运用智能硬件，推动移动互联网、云计算、物联网、大数据等与养老服务业结合，创新居家养老服务模式，重点推进老年人健康管理、紧急救援、精神慰藉、服务预约、物品代购等服务，开发更加多元、精准的私人定制服务。支持适合老年人的智能化产品、健康监测可穿戴设备、健康养老移动应用软件（APP）等设计开发。打通养老服务信息共享渠道，推进社区综合服务信息平台与户籍、医疗、社会保障等信息资源对接，促进养老服务公共信息资源向各类养老服务机构开放。社区物业管理与社区居家养老智能产品支持服务，需要正确处理好物业管理企业开展传统经营服务与开展社区居家养老智能化产品支持服务的关系。物业管理企业要坚持"一主多副"的经营思想，在搞好物业管理主业的同时，为了满足辖区内居民的基本生活消费需求，开办一些非传统性的多种经营服务项目，实现"以业养业"的目的，同时为了促进社区服务业的发展和提供居家养老智能化产品的支持服务，物业管理企业在开办非传统性的多种经营项目时，应注意融入社区居家养老智能化产品支持的多种社区服务项目，开办这些社区服务项目，可进一步满足社区居家养老迫切需要解决的日常生活需求问题，同时也可为企业增加新的盈利点，实现社区物业管理与社区服务同社区居家养老共赢、长远发展。智能居家养老产品，可以实现居家养老的远程监控，网络远程技术和实施健康管理，可以将居家老人的生活以及老人的身体状态，通过实时数据汇总到居家养老智能产品平台。老人社区居家养老，儿女由于工作原因，虽然可以通过设备远程监控社区居家养老人的状态，但却不能时时刻刻关注居家养老智能化产品当中的数据、提示或者需求，即使看到相关提示，也需要相应的时间去解决，远水解不了近渴。这就会造成一个普遍而必须解决的问题，那就是在接收数据与处理问题时，会有一个时间差。而居家养老智能化产品研发平台，在接收到数据的同时，可以做出应急反应，结合社区物业支持服务就近灵活机动的优势，就能在第一时间，也就是有效救助时间里提供最直接的帮助和服务，来缓解老人出现的状况，以达到更有效的救助与服务。这就需要建立相应的社区管理服务体系，对社区物业管理进行完善与升级，形成新的融合与服务。

6. 智慧健康养老产业市场潜力巨大

《2018中国智慧健康养老产业投资价值百强研究》显示，近年来在国内信息技术产业与健康养老产业深度融合的促进和支持下，2017年我国智慧健康养老产业市场规模为2.2万亿元，预计未来三年我国智慧健康养老产业复合增长率将高达30%左右，到2020年有望突破5万亿元。智慧健康养老产业是面向居家老人、社区及养老机构，基于物联网、计算机网络、智能化设备等科学技术，将家庭养老、社区养老、机构养老等传统养老方式进行有机结合，为老年人提供全天候、多层次、高效便捷的养老服务，满足老年人物质需求与精神需求的产业。据统计，2017年全球智慧健康养老市场总量约为19万亿元。预计2020年，全球智慧健康养老产业的市场规模可增长至37.2万亿元。其中，中国人均健康管理信息化投入约2.5美元，仅为美国的3%。而我国老龄人口的数量是美国老龄人口数量的近3倍，可见智慧健康养老产业市场潜力巨大。未来3~5年智慧健康养老产业将进入全面爆发期。智慧健康养老的核心在于将智能化的现代技术应用于养老服务中，通过智慧健康养老云平台，将人、物、信息及各类社会服务资源汇集联通起来，更好地解决老年人多层次需求与服务供给多元化的匹配问题。与智慧城市建设的背景相吻合，未来，伴随低功耗、微型化智能传感、健康状态实时分析、健康大数据趋势分析等智能分析技术的成熟，智慧健康养老产业将得到跨越式发展。事实上，智慧城市建设为智慧健康养老产业跨越式发展提供了契机。2012年起，中国开始推行"智慧城市"建设，城市智能管理网络技术的探索发展，实现了城市各项服务功能的技术化与信息化，尤其是大中型城市，基本实现了网络化全覆盖，这为智慧健康养老的发展提供了巨大契机，未来老年人将逐步熟悉信息操作平台。不过，需要指出的是，虽然我国各地已经有一些智慧健康养老产业服务模式的雏形，但是智慧健康养老当前仍处于发展起步阶段，多数企业还没形成成熟、可持续盈利的服务模式，仍需不断探索创新。

二、居家养老社区人工上门专项服务

社区居家养老服务，是以家庭为核心、以社区为依托，依靠专业化的服务，为经济和生活自理困难的居家老年人，提供以生活照料等为主要内容的社会化服务。目前，主要有两种形式：一是由经过专业培训的服务人员上门为老年人提供照料服务；二是在社区创办老年人日间服务中心，为老年人提供日托服务。根据当前家庭小型化、空巢家庭和独居老人的增加趋势以及家庭赡养功能弱化的特点，社区居家养老的基础养老和基本生活保障服务，已成为社区物业建设中需要迫切解决的问题。

1. 上门专项服务的行业优势

随着社会老龄化趋势增强以及现代医疗技术水平的提高，城市社区中的老年人数量与比例会持续增加，社区居家养老的老年人，在享受现代化智能化科技红利的同时，也对应催生出一批社区老年专项上门服务的行业。居家养老服务分为基础养老保障服务和基本生活保障服务，其中，基础养老保障服务包括助急、助医服务等，基本生活保障服务包括助餐、助洁、助浴、助购（行）服务等。为此，需建立以社区物业为中心的老年专项服务体系，针对社区中居家养老的老人提供上门服务，以满足不同层次老年人的各种需求，让老人们享受到及时周到的服务。发展以社区物业为中心的老年专项服务体系，逐步走社会化、产业化的道路，不仅可以解决老年人及其家属的实际困难，而且可以为成千上万的人提供就业岗位。相比其他服务性行业，社区老年专项上门服务的行业具备几大优势，一是靠近社区或者直接入驻在社区之中，近水楼台先得月，可以充分发挥社区优势就近灵活机动服务。二是具备靶心客户群体，可以有针对性地提供专项服务。三是与客户互动交流更强，提供上门专项服务的业务员在服务的过程中,通过交流互动,增强客户体验感。四是服务技能专业有效,由于面对的客户群体与需求相对固定,上门进行专项服务的技能经过严格培训,达标后才上岗,从而能够更好地满足老年人的专项服务需求。

2. 确定居家养老服务内容和服务形式

各种服务机构和专项工作人员是承接居家养老各种服务功能的实体,对确定的服务对象实施上门服务。服务项目包括日间照料、生活护理、家政服务、精神慰藉等,以上门服务和社区日托为主要形式,并根据服务需求变化,规范服务内容,开发新的服务项目,提供专业化、人性化的优质服务。(1)服务内容:生活照料为基本服务,以医疗保健、法律维权、文化教育、体育健身等为专项服务。具体分为六大类:一是生活照料类,为老年人提供托老、购物、配餐、送餐、家政服务等一般照料和陪护等特殊照料的服务。二是医疗保健类,为老年人提供疾病防治、康复护理、心理卫生、临终关怀、健康教育、建立健康档案、开设家庭病床等服务。三是法律维权类,为老年人提供法律咨询、法律援助、司法维权及维护老年人赡养、财产、婚姻等合法权利等服务。四是文化教育类,为老年人提供老年电大、老年学校、知识讲座、学习培训、图书电子阅览等服务。五是体育健身类,为老年人提供活动场所、体育健身设施、健身团队等服务。六是志愿服务类,为老年人提供邻里互助、谈心交流、精神慰藉等服务。(2)服务的形式:一是上门照料服务:由经过专业培训的服务人员上门为居住在自己家中有部分生活能力但又不能完全自理的老年人、长期生病卧床及无子女或子女不在身边的空巢老人提供照料服务。同时,还可与服务热线结合起来,以方便老人在碰到突发情况时随时呼叫。二是日托服务:通过社区老年人日间服务中心——为老年人提供生活照料、休闲娱乐、康复护理和精神慰藉服务。

3. 做好上门专项服务的风险规避

社区上门专项服务作为社区中为居家养老的老年人提供的服务,在解决了老年人及其家属的实际困难的同时,也需要考虑到其中存在一定的风险因素。内在因素：自身健康状况的变化，在专项服务期间，老年人突发了不良的反应。外在因素：由于行业的专业性，老年人家庭成员或者儿女对于服务过程中的干预与不理解，造成不良后果。加上上门专项服务人员由于自身服务的工作失误导致老年人的不良体验，在专项服务的过程中，服务人员使用专项设备为老年人提供服务，期间由于设备故障导致老年人的损伤等。面对社区上门专项服务存在的内外风险因素，社区居家养老服务行业应结合行业发展需要，制定规范的制度与进行岗前培训，只有这样才能更好地为社区居家养老的老年人做好服务。建立完善的制度和专业的培训以及规范的法律协议，是减少和避免社区上门专项服务风险的主要措施。（1）上门服务之前，需对老年人的身体健康状况进行检测，并在上门服务的同时，对老年人的身体状况通过系统实时检测，对于上门服务的工作人员的工作话术做个录音，方便后期老年人维权和维护上门服务工作人员的权益。（2）对于上门服务的工作人员在上岗之前，需进行正规流程化的业务技能培训与话术沟通培训，增强客户体验感，在平时，工作人员之间要彼此交流工作经验，增强服务意识与能力。（3）制定规范的社区上门专项服务法律协议，充分维护客户与服务人员的合法权益。在社区物业与社区上门服务业融合的同时，也要做好相应的监管协调，既保证社区居民的合理权益，也维护企业的合法利益。

三、社区居家养老外援对接服务

中国人的家庭观念特别强，这样的文化传统和现实国情决定了愿意在机构养老的还是少数，绝大多数要靠家庭养老与社区养老相结合。"积极开展应对人口老龄化行动，弘扬敬老、养老、助老社会风尚，建设以居家为基础、社区为依托、机构为补充的多层次养老服务体系。"《中共中央关于制定国民经济和社会发展第十三个五年规划的建议》中，对我国养老政策方向这样定位。

社区物业管理升级与服务业个性融合发展新路径

1. 深入开发社区居家养老外援对接服务

构建"居家为基础、社区为依托、机构为补充、医养相结合"的养老服务体系是国家大政方针，也为社区居家养老外援对接服务与社区物业升级融合发展指明了方向。在让居家老人享受医疗保健服务的同时，还要保障到衣食住行、学习教育、健身娱乐、情感慰藉、法律咨询、生活援助等方方面面的服务，在物质与精神上全面地服务于社区居家养老的老年人，真正做到医养相结合，让社区居家养老的老年人能够过一个健康安详、舒心幸福的晚年。首先，应从老年人的服务需求出发，梳理、整合并优化包括个人、社区组织、社区团体和机构等在内的社区资源，将"社区资源"与"服务需求"有机对接，加强同质性资源间的合作，挖掘和整合异质性资源，实现社区资源有效配置的综合化与多元化。其次，要围绕老年人的食、住、行、医、养等方面来汇聚资源，打造养老服务综合平台。养老服务综合平台应该引入信息化和智能化设施设备，并与医院、旅游机构和娱乐机构等互联互通，以此提高养老服务的效率和水平。目前在中国，老年人是一个庞大的消费群体，但长期以来，老年人需要的消费品与服务奇缺，老年人精神文化生活单调贫乏，社区居家养老行业亟待进一步开发。在发达国家，老龄产业已成功地走向市场，老年人的公共支出是年轻人的三倍，已成为占第三产业比重很大的产业，相比而言，我国尚处于创建阶段，发展的空间和潜力是很大的，为提高老年人的生活质量，面对日益庞大的老年消费群体，社区物业和相关服务业要根据老年人的特点和需要提供专用商品及精神文化用品、保健用品、老年服务业、咨询业及旅游业等，大力发展潜力巨大的老年消费产业。

2. 多关注老人们的精神层面需求

对居家养老的老人而言，社区配套设施建设水平及家庭经济条件属于物质建设，但是他们在精神层面的需求"很复杂"。虽然中国与英、美等国的文化背景各不相同，但是英、美养老中鼓励老年人独立性和增强其尊严感的做法还是值得中国包括居家养老在内的各类养老服务模式中大力推广的。鼓励老人独立性有利于老人

社区物业管理升级与服务业个性融合发展新路径

在养老阶段不脱离社会，不为社会标签化，尊严感的提升更加有利于老人的心理健康。独立性和尊严感可以借助精神慰藉方式加以实现。但是这里所提及的精神慰藉并仅仅是心理辅导，还包括通过一系列的方式增强社会参与感，让养老之人由"无聊"变"有聊"，帮助他们实现自身的晚年价值。在马斯洛的人类需求的层级划分中，当低层级的需求被满足后将会产生高层级的需求，而目前社区居家养老群体在衣食住行方面的需求均能够得到满足的情况下，如何实现其个人的价值对于居家养老群体将更具意义。国务院《关于加快发展养老服务业的若干意见》颁布之后，各地出台了一系列有利好的养老产业政策，资本也是蜂拥而至，养老服务业急剧升温。各大企业云集养老地产也正在助燃养老产业的热度，不少房企已纷纷涉足养老地产，险资也以养老社区的名义拿地，兼顾开发运营。根据前瞻产业研究院发布的《中国养老产业发展前景与投资战略规划分析报告》，2010年至2030年是实体创业者做养老服务行业的黄金20年，预计到2020年我国老年市场消费规模就将突破3.3万亿元人民币。

3. 社区居家养老外援对接服务大有可为

社区居家养老外援对接服务顺应时代发展的潮流，会发展并衍生到居家养老智能化的产品服务、社区生活的居家装饰修补服务、社区健康的医院预约挂号和陪护服务、社区政策宣传和法务咨询服务等各项涉及社区居家养老行业的服务。（1）社会工作介入社区居家养老。目前，在中国的一些城市，政府相关部门通过购买岗位或项目，开展社会工作介入居家养老的服务，利用社会工作专业的独特优势，增添居家养老的特色，弥补存在的一些不足。社会工作介入居家养老可以协助提供常规外展服务，如对社区行动不便的老人、贫困家庭老人、独居和空巢老人，每月至少进行一次入户探访，根据老人的实际情况进行需求评估，制订服务方案等。（2）利用社区人力资源增强服务中心与居民互动，鼓励有专长的社区居民参与体验式为老服务活动。如，针对活力老人，鼓励有专长的退休老人——医生、护士、社会工作者、教师等参与服务提供，获得养老服务积分，可以换取他人为其提供的养老服务；针对有子女的中年家庭，星期天时，鼓励他们带子女参与"一日为老服务公益活动"，通过给小朋友发放奖励或者奖章的形式使中青年家庭体验为老服务的困难，同时传达敬老、孝老、爱老观念；也可以聘用社区内的相关专业人士——医生等作为外部资源，为老人提供附加服务。（3）大学生志愿者参与社区居家养老服务。如组织大学生成立"为老服务小组"或者"助老服务团队"等，依靠团体的力量为老人提供服务。（4）利用外部医疗资源。对接医疗资源，与社区卫生服务站建立合作关系，解决老人就医医保问题。（5）开展"互联网+社区居家养老"服务。"互联网＋居家养老"在保留居家养老易于被老人接受、子女较好照顾老人等优越性的同时，通过"互联网＋"带来的网络互通、信息共享、大数据分析等功能，还能够使居家养老服务变得更加智能化、便捷化、个性化。具体而言，养老服务个人操作平台是由老人及其家属操作，通过利用手机APP、智能可穿戴设备、移动电话、家庭电脑、智能电视等设备进行服务搜索、紧急呼叫、网络订餐、服务评价等功能。而居家养老服务运营平台则是由社区养老服务管理中心、家政服务机构以及医疗卫生机构操作，他们通过居家养老服务运营平台及时掌握社区老人的养老服务需求并作出相关安排，保证老人及时方便地享受到一系列养老服务。总之，这两个操作系统需要统一集成和整合在社区居家养老服务信息平台上，通过大数据分析和网络互联进行信息的即时交换和更新，从而打造一个智慧居家养老服务新模式。

四、社区居家养老托管服务

开展居家养老托管服务，是应对人口老龄化快速发展趋势的积极选择，是我国目前破解巨大养老服务难题的一条出路，也是依据中国国情，尊重民族传统，更新养老服务理念，创新养老服务方式，发展社区服务的重要途径。"居家养老"服务相对过去传统的"家庭养老"而言，虽一字之差，但却赋予了全新的含义和解释，它把社会化的为老服务引入家庭，是对传统的家庭养老模式的补充与创新。我国要

社区物业管理升级与服务业个性融合发展新路径

建立具有中国特色的养老服务体系，发展居家养老服务正是这一体系的基础工程。

1. 养老托管成我国养老新模式

我国许多养老机构建成后运营状况并不理想，而一种新型养老模式——养老托管模式经过摸索实践，正在对我国养老产业改革与发展产生积极的推动作用。民政部公布的数据显示，全国一半以上（51%）的民办养老机构收入只能持平，40%的民办养老机构长年处于亏损状态。我国政府高度重视养老服务业发展，出台了《国务院关于加快发展养老服务业的若干意见》《民政部关于开展公办养老机构改革试点工作的通知》等指导意见，积极推进养老机构改革，鼓励民间资本通过委托管理等方式，运营养老服务设施。该模式的特点是不改变委托机构性质、设施功能，向不善经营的公办和民办养老机构引入运营资金、管理人才、经营理念，设立"养老管家"岗位为老人提供贴心服务，短时间内提高委托机构效益，促进养老机构健康持续发展。长期以来，我国养老机构发展都面临着资金短缺、人才匮乏、管理落后等客观问题。养老托管可以有效降低人才培训、经营管理等成本，有效提升养老机构抵御风险的能力。托管服务可以从养老机构逐步进入居家养老、社区养老领域，让更多老人享受专业化服务。同时，养老机构民营也有利于减轻政府负担、吸引社会力量参与、提升服务质量，同时应明晰社区物业、服务机构的权责，完善监管措施，不能"一托了之"，要把专业的养老托管交由专业的机构去做。托管模式是我国养老制度的创新，更重要的是，养老托管不仅使委托方、受托方受益，最大受益人是老年人。

2. 找准社区居家养老托管服务需求

我国是世界上人口老龄化速度最快、规模最大、挑战最严峻的国家，如何在"未富先老""未备先老"和"少子高龄化"的背景下，让每一位老人有备而老、实现健康的老龄化，这考验的不仅是政府，还有社会治理、家庭应对能力。托管养老是一种介于家庭养老和机构养老之间的新型养老模式，它以社区为平台，整合社区内各种服务资源，为老人提供助餐、助洁、助浴、助医等服务。可以引入社会力量开展居家托管养老服务，依托养老服务公司建设养老服务呼叫平台，建立起以专业手机为载体、大型计算中心为引擎、呼叫中心为核心、居家养老服务站网点为依托以及网络信息技术为支撑的居家养老服务信息系统，家居老人如遇雨雪天气或因病无法行动的情况，在子女出差、远行、看病无法顾及时，托管中心会送医送饭上门或提供生活照料服务。社区居家养老托管服务的需求主要有：（1）日常生活需求服务，比如，日常生活、卫生照料（钟点工）、家政维修服务、家庭无障碍设施改造、老人饭桌、送餐服务、社区办托老所等。（2）医疗护理需求服务，比如，陪同看病、健康咨询、智慧养老电子终端、卫生保健服务（上门打针、输液、量血压等）、康复护理服务、家庭医生等。（3）精神慰藉需求服务，比如，专设老年活动室方便老年人交流活动、上门陪同聊天、组织休闲娱乐、婚介服务、举办兴趣培训班、法律咨询等。对于选择居家养老的老人，特别是行动不便的老人，要提供医疗资源上门服务，这正是他们最需要的服务模式。社区居家养老托管服务分为：（1）生活照料类：为老人提供托老、购物、送餐、代购物品、家政服务等一般照料和陪护等特殊照顾的服务。（2）医疗保健类：建立健康档案，为老年人提供陪护、陪伴看病、疾病防治、康复护理、心理卫生、健康教育等服务。（3）文化教育类：为老年人提供老年学校、知识讲座、学习培训、图书阅览等服务。（4）法律维权类：为老年人提供法律法规咨询、法律援助及维护老年人赡养、财产、婚姻等合法权利等服务。（5）体育健身类：为老年人提供活动场所、体育健身设施等服务。（6）志愿服务类：为老年人提供邻里互助、定期看望、电话问候、谈心交流等服务。（7）应急救援服务类：社区居家养老服务为有需要的独居、有突发疾病的老年人安装"一键通"电话，利用社区服务中心平台，及时发现并紧急处理老人遭遇的各种疾病和意外事件。

3. 社区物业与社区居家养老托管服务结合

社区居家养老的老年人中有一定比例是属于失能或者需要专人辅助照顾的，老年人的家人或者子女因为各种客观原因，无法长期居家照顾老人，社区物业升级可

社区物业管理升级与服务业个性融合发展新路径

以通过与相关服务业进行新的融合，应用科技的力量，为社区居家养老的老年人提供系统性标准化的养老托管服务和便利，解决社区居家养老家庭的难题，减轻其子女和家人的负担，为老人带来一个高品质有尊严的晚年生活。社区物业作为一个传统的管理服务组织，在数十年的发展中逐渐形成了一些惯性，而其自身的产生也导致其在商业运作中处于不利地位：一种是开发商的附属机构，其运营费用由开发商补贴；另一种是由业委会聘任，主要收益来自物业管理费。无论哪种形态的物业服务企业，其自身也存在很多问题。比如，管理制度混乱，有制度，没实施；物业管理信息化弱，管理不透明，服务效率低下；服务人员素质参差不齐，服务质量差。为节省成本，物业企业在招聘服务人员上，尽可能选择文化层次较低人员，导致服务意识差，与业主矛盾频出；半封闭社区环境下存在一些不为人知的灰色经济。物业企业除了向业主收取物业费外，还会收取广告商的广告费或进场费，甚至还存在某些乱收停车费、服务费及出售业主信息的现象，这些行为都加剧了物业与业主的对立矛盾。因此，社区物业与社区居家养老托管服务相关行业的结合，可能会遭遇业主的不信任、不配合等情况而很难实施下去。一方面，物业企业本身的垄断思维，也束缚了其发展，比如第三方互联网企业要与所在社区的物业合作，社区物业则担心互联网企业会抢走自己的用户资源，边缘化自己，而自己搭建平台又缺乏资金、人才、技术和运营经验等，最终的结果，大多都是耗费了大量的资金和人力，最后不了了之，或者是不温不火地支撑着，不见丝毫的转机和起色。另一方面，这也为社区物业需要同社区居家养老托管服务行业进行融合与发展提供了契机，物业管理者要克服目前存在的各种弊病与局限，发展创新型合作关系，打破惯性思维和固有的业务体系，进行重组和完善，形成社区物业升级，推动社区居家养老托管服务行业蓬勃发展，构建和谐生态社区关系，让社区物业、社区居家养老托管服务行业、业主们实现最大的互惠共赢。

五、大数据远程支持服务

社区居家养老通过大数据远程支持服务应用系统中的业务功能，能够智能地将大量的检测信息和反馈建议转化为知识和行为，并进行数据重组与再应用。大数据技术远程支持服务的应用，提供了专业的数据分析方式来可视化服务过程当中的数据，从而提高工作效率，更好地服务于社区居家养老的老年人。

1. 建设居家养老服务信息化平台

为社区居家养老的老人提供大数据远程支持服务全面个性化的配置，是鉴于一部分居家养老的老人身体健康状况、自理能力以及不同的物质文化需求，根据每个人的特殊性提出的解决方案，既可以满足社区居家养老大部分老年人的普遍需求，又能同时兼顾部分群体的个性需求。居家养老服务信息化平台由互联网站、呼叫中心和一套运营管理系统以及配套的通信终端构成。通过为老年人提供集移动通讯和一键通为一体的老人手机及呼叫器等智能终端产品，全天候为老年人提供紧急支援、信息查询、远程医疗、社区服务、居家养老上门、电器维修等服务项目的综合服务系统。其服务特点：一是随时随地；二是一键求助；三是安全便捷。（1）信息化平台。通过这套信息化的平台，可以建立完整的需要服务的老人档案。档案内容包括个人信息（住址、病史、联系方式等），子女、社区物业、社区医疗中心等从属于个人信息。老年人的信息已按照区域划分由街道办或居委会进行收集和确认入网。入网的老年人拨打平台服务热线，客服人员就可以立即知道老人的个人信息，响应老人的服务请求，并安排社区义工、有关服务机构上门给老年人提供针对性服务。服务可分为紧急救援、生活帮助和主动关怀三种类型。主动关怀最好用电话的方式通知给老人，老年人不方便看短信。（2）通信终端。按照服务对象的类型，采用无偿、低偿、有偿相结合的方式由政府或个人购买对应的服务终端。终端产品有呼叫器（电子保姆）、老人手机等，适合于不同类型和经济能力的老人。对于没有配备终端的老人，可以通过配发"爱心卡"的方式获得平台服务。爱心卡上面标明平台呼叫中心的号码，方便老人记忆和拨打，当老人遇到紧急状况时，可由其他人拨打平台号码获取老人个人信息和获得平台的服务支持。（3）建设目标。以社区为依托，老龄人群为服务对象，企事业服务机构为网点，社区义工为补充，居家养老服务网络中心为支撑，建立一站式居家养老服务平台。深度整合社会及行业上下游信息及服务资源，为构建全方位的信息化的居家养老服务体系提供强大的支撑，让老人生活安心、舒心，让老人子女放心、省心，替政府分忧，推动和谐社会建设。

2. 建立居家养老大数据分析系统

大数据系统通过数据分析和挖掘工具能够把数据的工作流程、数据之间的关系清晰地展现出来，为实现精确的服务决策提供强大的技术支持。一是基础的数据库系统建设。就目前看来，社区居家养老服务信息平台需要具备这些基础的数据库，其中主要有老人基本信息数据库、老人养老服务需求信息数据库、老人电子健康档案数据库、社会养老资源共享数据库，这些基础数据库需要与社保、民政、财政、人力资源等政府相关职能部门以及金融机构、医疗机构相互联通，做到数据的实时共享、互通互联，进而建立覆盖省、市、区、街道、社区"五位一体"的居家养老服务信息平台。二是养老服务子系统的建设。一般而言，服务子系统按照服务类型进行，包括老人养老服务需求收集与分类系统、老人生活照料服务管理系统、老人健康管理服务管理系统、老人社区活动管理系统、老人精神慰藉服务管理系统、养老服务监督与评价系统、社区养老机构管理系统、社区医生管理系统、社区养老志愿者管理系统、政府养老信息发布管理系统、紧急呼叫系统、风险防控系统、其他养老综合服务系统，每个养老服务子系统都具有其特定的功能。三是宏观上的操作应用系统构建。基础数据库系统和养老服务子系统数据库需要整合到一个统一的社区居家养老服务信息平台上，进而投入实地运营。这个信息平台一方面接收老人的养老服务需求，另一方面调配社区的养老资源为老人提供个性化的养老服务。因此，就需要开发一个养老服务个人操作平台，以方便老人提出自己的养老服务需求,同时开发一个居家养老服务运营平台,方便各个养老主体提供具体的养老服务。例如,大数据可以通过平日里社区居家养老的老年人们消费、就医以及饮食等多种多方面的行为,提供提醒老人按时用药、合理饮食等,并根据老人的生活习惯和身体情况,制订科学合理的个性化方案供参考和应用,通过实时监测社区居家养老的老年人身体健康状况,建立电子档案,在老年人有紧急情况无法自行求救时,终端会自动将数据反馈到系统并进行报警,第一时间利用功能强大的可视化展现功能,可以更迅速、精确地进行关键业务活动的预测分析,通过富有创新力的图表和图形,能够寻找到发生的问题,从而防范风险加剧等问题的发生。

3. 社区居家养老大数据远程支持服务

大数据技术的应用,远程支持服务于社区居家养老,是由老龄化日益严重的问题与科学技术普及应用趋势决定的,社区物业可以在大趋势下,借科学技术的东风,创新升级与社区服务型行业形成新融合、新发展,在继承传统社区物业基础业务的同时,发展新型社区物业升级业务,为社区物业与社区服务业带来新的盈利增长点,推动社区立体生态全方位健康和谐发展。此前的居家养老的数据化运用还处于初级阶段,没有能够实现养老群体的整体数据对接,数据之间的联动作用微乎其微,因此,在今后的居家养老平台之上运用数据系统建立居家养老群体档案,同时双向对接就医就诊、养老服务、护理需求记录,运用大数据分析居家养老群体的生活、就医、养护情况,预判未来可能出现的潜在"医—养—护"风险及由此可能产生的养老服务需求的变化。根据每位老人的不同情况在众多的服务产品或项目中筛选适合的产品组合,形成居家养老服务包,为老人提供定制化和特色化的服务。社区居家养老大数据远程支持服务,通过物业升级与服务业形成新的融合,大数据远程支持服务,可以通过技术应用系统,将每个社区居家养老的老年人作为终端,实时将相关数据上传到服务器中,通过综合的、强大的高级分析数据引擎,从而获得快速实现过程和相关数据,并能够通过数据模型随时验证预测结果,快速的时间周转,尽可能更好更快地获得高质量的分析结果,在分析过程中,工作人员能够迅速

社区物业管理升级与服务业个性融合发展新路径

看到系统中展现所需的各类信息包括汇总统计数据等，可以通过实时数据分析，准确地获取数据趋势，从而得到科学有效的结果并相应地调整资源，发现可能会造成社区居家养老群体困扰的普遍性或特殊性不良因素，并及时采取提醒和纠正措施，提高大数据远程支持服务的效率，让老人们有更多的获得感与幸福感。

参考文献：

1. 金姝妮. 智能终端：打通居家养老服务"最后一公里"[OL]. 中国经营网, [2017-06-03]. http://www.cb.com.cn/lingshouyuxiaofeipin/2017_0603/1186101.html.

2. 你想了解的物业与社区O2O的关系全在这里！[OL]. 搜狐网, [2016-11-23]. http://www.sohu.com/a/119674747_117956.

3. 社区养老服务模式与服务内容[OL]. 社保查询网, [2016-12-30]. http://www.chashebao.com/yanglaobaoxian/16933.html.

何开秀点题：

社区精神文明建设

  精神文明建设渗透在整个物质文明建设之中，体现在经济、政治、文化、社会生活的各个方面。比如说经济文明，就说赚钱的方式吧，如果我们的赚钱方式必须是你死我活的结果，社会就不会有文明可言，为了钱可以不择手段，什么道义，什么亲情，什么朋友，什么邻居，什么爱人，甚至连父母兄弟都六亲不认了，哪里还有文明。如果企业为了赚钱昧着良心生产假冒伪劣产品坑害消费者，市场哪来文明。在政治上如果我们执政的目的只是为了小集团的利益而牺牲人民大众的利益，哪来的政治文明。如果我们每天学习的东西都是消极懈怠的，社会风气都是负能量的信息，社会关注点都是一切向钱看的金钱观，我们的新闻都是明星的私生活，哪来的文化文明。如果我们的社会风气都是贪婪而无诚信的，人与人都是勾心斗角的关系，哪来的社会文明。如果我们都在相互讹诈，老人摔倒也不敢扶，见人抢劫不敢说，拐卖儿童明着抢，碰瓷成职业，等等，哪来的社会文明。

  物质文明与精神文明是分不开的一对组合，虽然有钱不一定文明，但如果赚钱的模式变成先利他再利己，帮助了他人又成就了自己，这时，我相信社会上一定处处是文明。当科技替代劳动生产力以后，经济竞争越来越激烈，贫富差距越来越大，如何才能实现文明发展，国家之所以大力提倡分享经济发展模式，就是要探索缩小贫富差距的解决办法。所以我们必须提升自己的文明意识，文明从我做起，只要我们每个人都能够管理好自己的行为，天下就自然文明。

社区物业管理升级与服务业个性融合发展新路径

精神文明不是用钱能够买来的，而是我们每个人内心深处发出来的一种人生追求的价值观，文明品质是一个人的贵气、包容、大度、文明、宽容、友善、稳重、厚道、理解、思考、学习，是根植于内心的修养，无须提醒的自觉，为别人着想的善良。精神文明相比较于物质生活的富足更能折射一个社会的文明程度。在新时代，我们希望我们的物质文明与精神文明同步，更要重视精神文明的同步建设。

文明在表，制度在里。任何一种文明的成长和成熟，都离不开规则和制度的支撑。我们要通过自制的社会服务来改善强制制度的执行，打造社会公共服务平台，为社会大众提供规范的制度服务，用制度服务来实现社会福利保障，实现社会的文明进步。我们必须要建立社会的诚信机制，让社会的诚信制度来保证人们的交流与合作。

我们信仰法治、遵守规则，是为了让公共空间变得稳定，规则是文明的内化，被普遍遵行的规则就像安全带一样，是社会健康运行的安全保障。构建匹配我们时代的精神文明，就是唤起人们心中的文明基因，让它成为全社会的自觉行动和文明习惯。这是网上发出的声音，也是老百姓的觉悟。

党的十八大以来，党中央从严治党，干部作风得到转变，党的面貌焕然一新，政治文明建设取得显著成效。经济发展环境也在改善，分享经济、供给侧改革、淘汰落后产能、大众创业、万众创新、环境治理、农村改造、农业绿色发展、贫困地区扶贫帮扶、帮助贫困户实现脱贫并永不返贫、重视大健康产业以及在关注民生健康、民生福利、民生医疗、民生基本保障等方面得到显著改善。建立社会公共服务平台和公众福利平台，把科技红利惠泽于民，实现全民持股计划，实现2020年全面建成小康社会的伟大理想，这些都是政治文明、经济文明、文化文明、社会文明的具体体现。社区服务业的发展必须配合国家实施的有关计划，重视社区精神文明建设，因为它直接影响到我们的生活品质，影响到我们生活的环境，影响到邻居之间的相处，影响到我们后代的价值取向，影响到我们未来的发展。

第六章 社区精神文明建设

社区精神文明的建设属于社会主义精神文明建设的一部分，社区是人民群众参与社会活动的主要阵地。党的十九大报告明确了建设富强民主文明和谐美丽的社会主义现代化强国的目标和步骤，描绘了未来发展的宏伟蓝图，同时也明确提出了我国社会已进入中国特色社会主义的新时代，我国社会的主要矛盾已经转化为人民日益增长的美好生活需要和不平衡不充分的发展之间的矛盾。新的历史时代，随着人民物质生活水平的不断改善和提高，对于精神生活的需求也在不断地提升。加强社区文明建设，增强居民文明意识，构建文明和谐社区环境，是建设文明社会的重要基础。搞好社区精神文明建设也是社区物业管理升级与服务业融合发展的重要内容。

一、社区文体活动组织服务

社区作为城镇的基本单位，是居民生活的主要承载区域，是居民文化精神、观念心态和行为习惯形成的基本场所，也是培育居民文明生活方式的基地和摇篮。加强社区精神文明建设，是提高居民素质和城镇文明程度的重要环节，也是衡量城镇

社区物业管理升级与服务业个性融合发展新路径

精神文明建设水平的重要标志。深入开展城镇精神文明建设，必须抓好社区精神文明建设，这是当前精神文明建设面临的一个重大的课题。

1. 社区文体活动组织服务

社区精神文明建设，是地域性的社会生活共同体建设。从本质上来讲，它是一种生活环境和生活方式建设，它既要以服务和满足居民的生活需求、生活质量为中心来开展建设，也要以培养和提高居民的互助意识、自主意识，增强居民的社区归属感和社区参与度，形成文明健康的生活方式来开展建设。社区的物业管理公司可以依托社区资源和人才优势，逐步建立一个覆盖面广、牵动性强的社区文化活动网络，提高社区文化资源综合利用率。在广泛普及的基础上，不断提高广场文化、小区文化、家庭文化水准，形成小区、家庭不同风格的特色社区文化。热情支持、积极倡导组织大家参与小文化建设，提高社区文化品位。优化居民生活环境。按照科学规划、合理布局、方便生活、强化管理的原则，使社区进一步绿化、美化、净化、亮化，为居民创造舒适、安静、祥和、美观的人居环境。开展文体活动的重要意义是社区组织社区居民、发动社区居民、管理居民的有效方式，在社区维护稳定、促进和谐工作中发挥着极其重要的作用。文体活动关系到居民的健康和生活质量，大力开展文体活动，体现了社区对辖区居民的人文关怀，是活跃居民生活、陶冶情操、强身健体的重要方式。文体活动是一种文化现象，社区可以通过文体活动这种形式，在社区营造一种积极向上的文化氛围，在潜移默化中凝聚人心，教育居民，增进情谊。群众性文体活动，以其娱乐性、趣味性、广泛性为广大居民所喜闻乐见。社区物业及社区文体协会要坚持以人为本，把提高社区居民的生活质量和健康需求作为工作的出发点和落脚点，高度重视开展居民的文体活动，注意做好"融入服务"，有针对性地解决存在的不足。（1）社区物业对文体人才匮乏的融入服务。一方面，社区文体协会人员构成不匹配，专业人员少，年龄老化，这些都影响着社区文体活动的开展。另一方面，能独立组织文体活动的人员少，使工作开展依赖性较强，造成工作推进难度大，往往出现活动组织不力的现象。社区物业管理公司可以融入其中，提供社区文体活动相关的服务。（2）社区物业对活动欠系统化的融入服务。主要是计划不够周密，活动安排不够科学，系统化不强等问题。

2. 社区文化建设存在的问题及对策

新形势下，要加强社区群众文化建设，必须要客观地认识社区群众文化建设存在的问题，并在实践过程中找到解决问题的对策。存在问题：（1）居民的主体意识不强，参与度不高。社区居民是社区文化的主体，但是很多社区居民的社区文化参与意识相当淡薄。他们虽然生活在社区，但没有意识到自己应尽的社区文化建设的责任和义务，对社区文化缺乏了解，主人翁意识薄弱，加之街道社区对社区内文化活动大包大揽，居民很少参与决策和管理社区公共事务。社区居民中的中青年居民未经常参与社区文化建设活动，参与社区建设活动的主力军还主要是中老年妇女。社区文化场地和设施遭遇冷落，没有被充分利用。（2）社区活动设施建设不平衡。社区群众文化活动建设不平衡的问题普遍存在于社区之中。造成这种现象的原因：一方面是由于社区的经济状况限制。经济是物质建设的基础，正是因为这个硬性要求，使得经济发达的街道社区往往会有很多效益优良的公司、单位等进行资金上的帮助，但是经济方面发展较差的街道社区就没有这么好的条件，无法进行相对应的社区建设。另一方面的原因就是上级单位和物业管理公司的重视程度，受到重视的街道社区文化建设相对更加完善，文化活动设施也相应的更加齐全，社区文化建设活动的效果也会更好。（3）流于表面，注重形式。社区文化建设是为惠及社区居民、推动社区发展而开展的，因此社区文化建设要注重实质的把握，而非仅仅看重形式的体现。有的社区经常开展社区文化月等活动，但是并未能吸引多少居民的参与，最终活动成为举办者的自娱自乐，这样不但起不到文化建设的作用，反而浪费社区文化建设经费。再者，很多社区图书馆的书太过陈旧而且不符合其阅读需求。（4）社区文化活动单一。一方面，社区文化缺乏吸引力，在一定程度上存在深度不够、花样不多、创意不新的问题。另一方面，社区文化的引导力不足，仅停留在娱乐大众、休闲身心的层面，而对居民价值观、思想意识的引导力不足。加强社区群

社区物业管理升级与服务业个性融合发展新路径

众文化建设的对策：（1）提高社区居民的参与度。在制定社区文化建设规划时，要通过问卷调查、访谈、集体讨论等形式，广泛地了解社区居民的真实文化需求，将真实的文化需求体现在规划中，创新文化活动形式和内容，增强社区文化活动的吸引力，开展群众喜闻乐见的文化活动。要结合社区的特点和优势，因地制宜地与本地区的文化相互联系，营造出既与国家、民族、地方文化相适应的社区文化氛围，又与自身实际相符合的特色城市社区文化，打造富有特色的社区文化品牌，使社区文化活动内容更加丰富多彩。在开展社区文化建设过程中，要切实保障社区居民的文化权益，使每位居民都能公平享受到文化建设所带来的成果。只有这样才会让每个社区居民感受到社区大家庭的温暖，社区居民的主体意识、归属意识才会不断地增强，居民对社区文化活动的参与度才会不断提高。（2）加强设施建设，完善公共文化服务。文化设施是公共文化服务的基础和重要平台，其建设如何体现了一个社区的整体发展水平。因此，要重视社区文化设施建设，合理利用现有设施，加大老旧社区落后设施的改造工作，建设一批新的、功能齐全的、合乎标准的基础设施，从而使社区文化设施配套建设真正落到实处，满足社区居民的需求。（3）重视社区文化队伍建设。繁荣和发展社区文化的关键在于人才。必须建立一支热爱社区文化事业、群众文化活动且具有一定文艺体育方面专长的文化工作队伍。一方面，要提高现有的社区文化工作者的综合素质。物业公司等相关部门要组织各种培训活动，对社区文化工作人员进行系统培训，以不断提高社区文化管理人员的素质，使他们具有深厚的文化素养、高尚的敬业精神、干练的工作能力、精强的调研技能等。另一方面，要大力发展社区文化志愿者队伍。应充分调动社区广大业余文艺爱好者的积极性，将其吸纳到社区文化组织中并广泛听取意见，集思广议，发挥各自专长，使其成为社区文体活动带头人。（4）合理利用社区资源。社区文化场所、文化站等硬件设施是在国家政策的支持及各级有关部门的扶持下建立的。有的社区的文化硬件设施配套比较齐全，包括文化活动室、图书阅览室、资源共享室等，但在实际投入使用方面并未真正落到实处，因此在社区群众文化建设中要提高社区资源的使用率，同时要注意合理利用社区资源，注重对社区资源的保护。

3. 开展文体活动促进社区和谐发展

社区居民对精神文化生活的需求越来越高，文体活动作为精神文化生活的主要体现，在促进居民幸福，改善人文关系环境，增强邻里之间凝聚力方面有重要作用。要通过开展群众性文体活动，增强社区居民的社会意识和和睦理念，丰富居民文化生活，吸引居民，凝聚人心，为构建和谐社区作出应有的贡献。（1）健全机制，为开展活动促进和谐提供组织保证。要建立以社区服务为主导，以文体协会组织为骨干，以社区物业管理为基础的三个层面的社区文体活动服务组织。一是以社区服务中心为主导，主要是把握方向、审定活动、围绕重大节日、特殊时期开展活动。建立激励机制，对某些赛事、演出等活动给予一定的财力支持和物质奖励等。社区服务中心在开展文体活动中，起着组织、策划、指导、服务、支持、协调的作用。二是以文体协会组织为骨干，主要是文体活动的编排、训练、演出、比赛等社区文体协会组织具体实施。使他们成为开展文体活动的宣传者、组织者、实践者。三是以社区物业管理为基础，主要是各社区物业组织自己的文体队伍开展文体活动。社区服务中心、文体协会组织、社区物业管理都有自己的章程或规章制度，职责明确，人员到位，互相配合，运作有序，形成一个严密的社区文体活动组织体系，为广泛深入开展社区居民文体活动提供坚强的组织保证。（2）完善设施，为开展活动促进和谐提供物质保障。按照社区搭台、居民唱戏的原则，建立文化广场，购置文体活动器材，如室外电影放映设备、广场大屏幕等设施。进一步完善基础设施，建立综合训练室、综合教室、图书阅览室等，在各小区设置图书阅览室、活动室和室外活动场所，配备电教设备、健身器材、棋牌等，为小区居民学习、娱乐、健身打造良好活动平台。（3）完善制度，为开展活动促进和谐提供机制保证。主要是制定《社区文体活动管理制度》《文体协会组织活动规划》等制度，从活动目的、人员组织、费用来源、分工协作、活动研究、规划安排等方面作出规范，对全年文体活动进行研究、规划、组织，实现文体活动科学化、规范化。（4）激发居民的参与热情。小区居民是小区文体活动的主体，他们既是活动的创造者，又是活动的受益者，活动的感召力、生命力最终取决于居民群众的认同感和参与度。为此，要加强小区文体服务，创造良好的小区环境，切实解决小区居民最关注的问题。要针对小区居民对提高文化素质、知识理念的要求，利用居民爱家、爱小区的热情，调动起居民的积极性，激发居民的"主人翁"精神。在重大节日、特殊时期开展健康向上、丰富多彩的文体活动，从而吸引各个层次的小区居民参与到活动中来。

（5）发挥典型的引领作用，带动小区居民积极参加文体活动。树立"小区是我家，建设靠大家"的理念，努力增加载体，提供场所，创新方法，增添举措，通过开展各种新颖的、可行的、适合辖区单位和居民实际需要的活动，不断提升居民整体素质。充分挖掘小区文化资源，形成特色、打造品牌，从而激发小区居民的参与热情。大力开展"区域联动、和谐共建"等活动，在各小区每年选树一批和谐楼栋、和谐单元、和谐家庭和文明居民等和谐典型，弘扬正风正气，打击歪风邪气，融洽人际关系，共建和谐社区。

二、社区法务在线咨询服务

加强社区法律服务，更好地使社区居民参与社区创建是我国建设社会主义法治国家的关键。当前，要从建立科学的组织结构和完善的普法制度入手，多种形式、有重点、有步骤、有针对性地开展普法工作，完善社区法律服务体系。社区环境是社会的缩影，良好的社区环境能够反映社会环境的正能量，坚持开展经常性的普法宣传教育活动，引导居民增强法律意识，自觉遵纪守法，主动维护社区秩序，并积极同各种违法犯罪行为做斗争。社区法务在线咨询服务旨在丰富社区居民的精神文化生活，增强居民法律保护意识和自我维权意识，推进文明城市创建活动和构建社会主义法治社会，加强社区居民法律知识培训，培养基层法制宣传员，为构建法治社会尽一份力。更重要的是为社区居民巩固专业知识并将其实时运用于实践提供了

社区物业管理升级与服务业个性融合发展新路径

一个良好的平台。

1. 搭建社区法律服务平台化解矛盾

家庭是社会的细胞，邻里关系形成社区小社会。建设和谐社会的根本在于是否建立了一个幸福美满的家庭和一个融洽和谐的邻里关系。由于人们的价值观不同，许多家庭问题和邻里关系问题亦变得日益复杂，给构建和谐社会造成很大困扰。因此，基层社区法律服务工作显得尤为重要。人们在日常生活中或从事一些社会活动中，首先是由社会道德规范，法律是约束人们行为的最后一道防线。在社区的实际工作中经常遇到一些因琐事而导致的家庭暴力，或因一点小事就引起的邻里纠纷。例如，同时上班的一对夫妻，由于女主人在单位工作中遇到了麻烦，心情很不好，因此就发泄在男主人做菜的咸淡上，由于男主人不解妻子情绪，反而感觉自己委屈窝火。因此就由一般的小拌嘴，继而演变成大纠纷导致家庭暴力发生。还有邻居在家养狗，狗经常叫，由狗吠引发邻里纠纷等。这些看似细小的事情，却给建立和谐社会带来了很大的困扰，因为一件小事有可能会演变成大的矛盾纠纷事件。在咨询中，许多当事人都会带着很大的怨气，其咨询的目的也是非常明确，就是要看对方在这件事情上应该承担什么样的法律责任，想着用简单的法律形式来解决复杂的家庭矛盾和邻里之间的纠纷，而很少有人会抱着求助调解的心态来解决。因此，社区法务在线咨询服务要把握法理与情理的融汇点，耐心听取当事人的倾诉，给当事人发泄怨气的机会，正确分析和评估事件中矛盾纠纷的成因，对事件的矛盾进行全面综合分析。在接访解答法律问题的同时，充分利用社区法务在线咨询服务这个平台，融入和运用心理学等方面的知识，帮助当事人疏导情绪。在掌握当事人心理状态的情况下，对当事人进行细致入微的心理疏导，引导当事人做换位思考。动之以情晓之以理，消除当事人对对方的怨气，解开心结，增加理解对方的理由，改变当事人的一些消极的错误认知，激发当事人对对方行为的理解，做到法律搭台，心理疏导唱戏，从而化解社会矛盾。社区法务在线咨询服务工作者在基层社区工作中，要找准基层法律服务的定位。同时，应该对自己社区范畴内的弱势群体，包括部分

社区物业管理升级与服务业个性融合发展新路径

残疾人群体、一些无劳动能力无收入者、孤寡老人、无竞争能力的下岗失业人员及无劳动保障的农民工等做好细致的分类分项统计了解工作。有许多弱势群体所面临的维权，要比其他人群相对难度大很多，也更加复杂。因此，针对弱势困难群体的实际情况，采取针对性的工作方式，在对其进行法律帮助的同时，帮助做一些扶贫解困方面的工作。

2. 社区法律服务工作的方法步骤

法务在线咨询服务旨在为社区居民提供便利、便捷的法律在线咨询服务，保证得到的法律援助的实效性，更是物业管理升级与服务业融合重要路径。社区作为一个大家庭，每位社区居民都应该知法懂法，用法律来约束自己的个人行为，遇到个人相关利益及生命财产受侵害的时候，要及时拿起法律的武器来保护自己。做好社区法律服务工作，是提高全体社区居民法律意识的关键。（1）通过摸底的方式了解居民的普法情况。社区可以采用摸底的方式，把居民集中在一起，检查居民知晓法律知识的相关情况，对所在本社区居民普法知识的多寡有个基本的了解，并且为居民发放专门为学习法律知识配备的笔记本，用于帮助居民学习法律知识。（2）组织社区居民学习法律知识。组织社区居民学习、普及法律常识，让居民由浅入深地掌握法律知识，做到让居民真正知法懂法，让法律不只是表面功夫也不至于成为空谈。社区可以通过宣讲的形式，聘请法律方面的专业人士给大家普及法律知识以及平时日常生活中的防盗、防骗常识。同时社区法务在线咨询可以通过一种社区网络设置网上留言板，通过总结经常被问及的问题设置快捷回复，如房屋拆迁问题、房产继承问题、工伤的界定范围问题、咨询社保问题、抚养权限问题等。（3）检验居民学习法律知识后的成效。通过笔试小测验的形式，对居民进行学习法律知识后的小测验。（4）社区要加强法律宣传，提高社区居民的法律意识。社区要加强法律宣传，比如给居民发放普法宣传单，以及通过宣传展板或者宣传栏的形式来做好法律宣传工作，通过这些普法宣传的形式来进一步提高居民的法律意识。（5）社区要做好安全巡逻工作。社区要组织相关的人员做好安全巡逻工作。特别是对于儿女经常不在身边的老人要做到特殊照顾，多询问，多帮助，多叮嘱，保证老人人身、家庭财产的安全。通过日常的巡逻发现可疑以及不安全因素及时解决。居民区重点部位要安装摄像头，物业中控室一定要24小时有人值守，并且要保证录像设备的正常以及录像的完整。（6）社区要对需要法律援助的居民伸出援手。当社区居民遇到自身相关利益受到侵害，需要法律援助的时候，社区应该向居民伸出援手，由相关专业人士向社区居民提供法律咨询服务，帮助居民解决法律上的相关难题。想居民之所想，急居民之所急，在居民不知所措的时候帮助居民找到能解决问题的正确渠道，将做好社区的法律服务工作落到实处。

3. 利用专业知识提供最优的法律服务

广泛宣传是做好社区法务在线咨询服务的前提。作为社区居民，肯定会有存在法律困惑需要法律帮助的时候。但是，这并不代表他们就能找到社区法律顾问来帮忙。最重要的一点，就是让他们知道社区法律顾问的存在。宣传的方式可以灵活多样：一是法务在线咨询服务的公示。比如说带有法律顾问名字、律所名称、联系方式的公示牌，以及法律服务站的公示牌。二是社区的公示。如社区工作站地点较为隐蔽，这种时候就可以在社区里摆好标杆，指引居民前往法律服务站。三是名片宣传。在法律服务工作站，应放置便民服务卡及名片，方便大家在法律咨询之后，还有疑问或需要进一步法律咨询的时候可以联系到法律顾问。四是主动宣传。社区法务在线咨询服务人员可以配合社区的各类法制活动或讲座进行主动宣传。社区内存在大大小小的纠纷，有些纠纷如物业纠纷、邻里纠纷可以通过聆听及调解解决，但是有些纠纷，如劳动争议、民间借贷、投资理财，在不能协商的情况下，社区法务在线咨询服务可以提供更专业更便利的服务，如告知居民如何起诉，或发展成为案源，代理案件。作为社区法务在线咨询服务要利用专业知识提供更好的法律服务。（1）最为基础的是提供专业的法律咨询服务。社区法律服务站每个工作日对居民开放，接待来访群众，社区法律顾问每周固定到社区法律服务站向居民提供义务法律咨询，并将社区法律顾问电话、电子邮箱等联系方式予以公示，方便群众咨询法律问题。（2）社区法律服务站可以与社区法律顾问签订法律代理合作协议。在提供法律服务的同时，还可以"牵线搭桥"，让社区法律顾问为辖区居民提供法律代理服务时给予固定折扣优惠，提供诚信优质服务。（3）社区法务在线咨询服务还可以进行细致化。第一，持续性服务，做好交接工作。社区中的问题有些是持续性的问题，因而涉及工作交接的问题，故需要和工作站的人员好好沟通协调，做好交接工作。第二，出具书面意见。很多居民大部分都只是进行初步的法律咨询，但仅仅是口头的回答印象不一定深刻，对个别案例可以根据情况出具书面法律意见。第三，程序辅助。与法律有关的事项基本都需要遵守程序，法律顾问需要告诉他们程序是什么，还可以适当帮助社区居民进行相关程序操作。如实行社区法律服务站代办、街道司法所审批和"一次性办理"制度，即由社区法律服务站"一站式"受理法律援助申请，代居民群众向街道司法所办理审批手续，使居民群众在社区"一次性"递交材料就可以及时得到法律援助，简化申请法律援助烦琐的程序。第四，要善于运用社会联动力量更好地进行服务。例如，可以通过社区法律服务站与派出所、医院等单位调解室建立热线联系，并直接在社区进行"前端调解"和"深入调解"，努力把矛盾纠纷化解在基层，化解在萌芽状态。第五，运用科技的力量做好服务。在"互联网+"时代服务方式应与时俱进，传统的顾问服务提供方式是需要法律服务者自己上门来访或电话咨询，而在"互联网+"的时代，除传统的服务方式外，手机、电脑都是生活中不可缺少的一部分，运用科技的力量助力法律咨询，让社区居民和法律顾问都可以做到足不出户即可解决问题。

三、社区培训教育组织服务

积极发展社区培训教育有利于营造和谐安定的社会环境，和谐社会的一个显著特点是社会管理体制运转有序。在《国家中长期教育改革和发展规划纲要》中对社区教育做出了具体的规划指导。社区是社会的基本单元，是人们生活的基本空间。

社区物业管理升级与服务业个性融合发展新路径

单位的社会职能也开始向城市基层组织转移。城市经济和社会结构的变化，带来了大量市场解决不了、政府又解决不好的问题，这些问题本质上都关系到居民的切身利益，迫切需要新的社会组织来承担过去由单位行使的社会职能，以实现社会的和谐发展。

1. 发展社区教育的重要性

社区作为人们生产、生活的"共同体"和重要活动场所，为社会人找到了相应的承接载体。社会人的许多需求，或者通过社区的社会服务和自我管理得以满足，或者通过社区组织向政府反映得以满足。当前，我国经济社会转型升级，进入全面建设小康社会的新常态，实施终身教育、建设学习型社会成为新时期社区教育发展的主要潮流，提高社区教育水平、提升社区教育能力迫在眉睫。2016年7月，教育部等九部门《关于进一步推进社区教育发展的意见》出台，对我国社区教育未来五年乃至更长时间的发展做出部署，开启了社区教育发展的新阶段。加快发展社区教育，是完善终身教育体系、建设学习型社会、促进人终身全面发展的迫切需要，是推动社会治理体系建设、提升社区治理水平、建设社会主义和谐社会的重要途径，是提高城乡居民综合素质、增强创业创新能力、服务经济社会发展的有效支撑。社区教育在弘扬社会主义核心价值观、传承中华优秀传统文化、形成科学健康文明生活方式、服务人的全面发展等方面具有先天优势和无法替代的作用，社区物业管理升级要切实把发展社区教育列为重要职责，把加快发展社区教育的各项工作落到实处。社区培训教育能够明确地把科学知识、科学思想和科学方法以及融化在其中的科学精神，通过有效的形式、渠道和手段，传播到千家万户，为居民理解、应用，促进文明建设的开展。社区教育是学校教育的补充和继续，担负着终身教育的重要任务，也是建设学习型社会的教育基础。通过社区教育可以形成社区居民积极的人生观价值观，能够提高其思想道德素质和科学文化素质，提高社区成员的文明程度和生活质量，并能够形成良好的社区文化、规范的道德行为和人际关系，形成良好的社会风尚。随着城市化的进程不断加快，社区教育的作用逐渐体现并一步步走向成熟。一方面，居民逐渐认识到社区教育这种新兴教育模式的价值，产生了一定的参与要求；另一方面，城市本身在发展的过程中出现了许多亟待解决的问题，如城市人口的剧烈膨胀、城市人口老龄化趋势加大、城市规模不断扩大所产生的一系列环境问题、人际关系的冷漠和道德的沦丧等。对此仅仅依靠政府的宏观调控和传统的学校教育来解决这些日益突出的社会问题是远远不够的。国际国内社区教育实践经验已经清楚地表明，只有实施面向全体社会成员的、旨在促进人的发展的丰富的社区教育，才能满足和解决人们多种多样的教育需求和社会问题。

2. 存在的主要问题与对策

社区教育是在社区中开发、利用各种教育资源，以社区全体成员为对象，开展旨在提高成员的素质和生活质量，促进成员的全面发展和社区可持续发展的教育活动。社区教育作为终身教育体系的重要组成部分，受到国家的高度重视，可以说社区的教育程度直接影响着政治、经济、文化的发展与社会的进步。目前存在的主要问题：（1）社区教育的宣传和认知不足。很多社区居民甚至从来没有听说过社区教育，对社区教育的认知还很不够，不知道社区教育具体是做什么的，参与的兴趣不大。在多数社区举办的教育活动中，还仅以青少年的假期活动和老年人的文化娱乐活动为主，远没有惠及全体社区居民。（2）社区教育的硬件设施配备不足。社区教育需要在多个方面进行硬件投资建设，如每个社区都应该配备电教室、图书馆、绿色网吧等，但由于场地限制等因素的影响，社区教育的发展程度很不均衡。一方面，一些老社区与一些新社区在硬件设施上无法比拟，社区服务中心可利用的场地严重不足；另一方面，多数社区还有相当多的社区资源没有充分利用，如中小学的教室、操场等，对社区居民的开放还远远不够。（3）从事社区教育的师资力量不足。从事社区教育的人员很有限，很多社区根本没有建立起专属的社区教育机构，更谈不上拥有从事社区教育的师资队伍了。多数社区只是以居委会管理人员代行其责，缺乏专业的社区教育人员。即使有的社区聘有自己的兼职教师，但这种聘任具有一定的随机性与随意性，社区居委会或教育机构与兼职教师之间没有建立起一种长期的、稳定的合作关系，兼职教师往往随着教育培训课程的增加与删减流动，多为一次性授课，因此兼职教师队伍变动太快，很不稳定。建议与对策：（1）加强宣传引导。让居民群众了解社区教育的重要性，树立终身教育理念。一是社区居委会深入群众，了解居民的个性化需求，与社区教育机构合作，有针对性地制定社区教育内容。二是社区居委会与公共就业(人才)服务中心、职业介绍服务中心等建立长效的联动机制，为取得技能培训证书的居民打通就业渠道。三是健全网络在线教育，通过掌上社区、QQ群等网络媒体让社区居民不出家门就能随时了解诸如运动类、培训类、学习类等各种信息，享受优质的教育资源。参加社区教育活动后，社区居民还可以得到持续的跟踪关注与后续服务。通过这三个途径使社区教育深入人心，使广大的社区居民在社区教育中受惠，从而逐步得到社区居民的认同。（2）整合社区资源。一是建议相关部门机构在进行社区建设时，应按照各社区常住人口数量增加配套活动室、专业服务室和室外活动小广场等社区教育场地。二是鼓励辖区企事业单位将更多闲置资源用于社区教育服务。我国《城市居民委员会组织法》规定，机关、团体、部队、企业事业组织应当支持所在地的居民委员会的工作。居委会干部应积极联系辖区单位开放场地。例如，以地区建立"社区书吧"的项目为引领，可以联系辖区内的学校在周末将图书馆向社区居民开放，这样既提高了学校图书资源的利用率，又使居民能够接触到更多的书籍。三是建议由区社区教育主管部门统一对社区教育资源进行调配，以提高资源利用率。（3）多渠道利用资源，加强教师队伍建设。一是依托于周边学校的教师资源，把教育经验丰富的优秀教师充实到社区教育队伍中来，深入到社区教育工作一线。二是组建由社区志愿者、社区退休人员等组成的社区教育服务志愿队。他们中很多是各领域的佼佼者，具备专业技能，通过必要的培训，必将使他们成为社区教育队伍中的重要力量。三是加强与驻区单位的沟通，充分发挥他们的作用，共同为社区教育作出贡献。

3. 提升社区培训教育组织服务水平

社区教育是终身教育的重要组成部分，是提高人口素质的重要途径。要以人为

社区物业管理升级与服务业个性融合发展新路径

本，着眼于经济社会发展的需要，大力推进社区教育的发展和创新，逐步加大社区教育投入，加快社区教育设施建设，打造社区教育品牌，最大限度地整合、利用辖区内文化、教育、科技等公共资源为社区全体成员提供个人终身参与、有组织的学习活动的机会，从而努力建设"人人学习、处处学习、时时学习"的学习型社会。（1）创新社区教育形式。围绕社区特点和社区文化特色，面向社区各类群体，广泛开展社会主义核心价值观、公民素养、法治诚信、人文艺术、科学普及、职业技能、运动健身、养生保健、生活休闲等教育活动。不断创新教育载体和学习形式，积极开展才艺展示、参观游学、读书沙龙等多种形式的社区教育活动，探索团队学习、体验学习、远程学习等模式。积极培育方便快捷的学习服务圈，通过开设学习超市、提供学习地图等形式，方便社区居民灵活自主学习。支持并引导社区居民组建形式多样的学习共同体、学习社团，开展多样化的自主学习、互助学习、终身学习。（2）面向青少年开展校外活动。围绕思想道德教育、优秀传统文化教育、科技艺术教育、兴趣爱好培养、体质健康、综合实践活动等，推动实现社区教育与学校教育有效衔接和良性互动。鼓励社区教育机构与学校合作，举办内容丰富、形式多样的青少年校外教育活动，促进青少年健康成长。充分发挥关工委、家长委员会以及在校大学生等社区教育志愿者的作用，鼓励支持志愿者积极参与中小学校课后服务工作，为中小学生提供优质的课后服务。（3）面向老年群体开展内容丰富、形式多样的培训和活动。认真贯彻《老年教育发展规划（2016—2020）》，把老年教育作为社区教育的重点任务，充分利用社区教育、文化、体育、养老等公共服务设施资源，办好社区老年学校，建设一批在本区域发挥示范作用的乡镇（街道）社区老年人学习活动场所，老年人社区教育活动参与率在20%以上。不断扩大老年教育资源供给，积极开发养生保健、科学健身、文化艺术、信息技术、家政服务、社会工作、医疗护理、园艺花卉、传统工艺等老年教育课程，满足社区老年人的学习需求。积极探索养教结合新模式，在各类社区居家养老场所内，开展形式多样的老年教育。（4）高度重视农村居民的教育培训。以乡镇社区教育中心和居民学校为依托，广泛开展农村劳动力转移培训、农业实用技术培训和农民创业培训。积极实施以新生代农民工为重点的农民工学历与能力双提升计划。扎实推进教育服务"三农"高水平示范基地创建工作，发挥农科教协同育人示范作用，大力开展新型职业农民培训，促进农村一二三产业融合发展，促进农民增收致富。利用大学生暑期"三下乡"社会实践活动，组织开展农民集中培训教育。加强农村居民家庭教育指导，为农村留守妇女提供社会生活、权益保护、就业创业等方面的教育培训。（5）广泛开展其他教育培训。把宣传解读国家政策、措施作为重要任务，通过报告会、集中与分散咨询、走访等多种形式帮助人民群众深入对各项政策的了解和理解。主动适应社区居民需求，开展形式多样的教育培训活动。面向学生家长开展教育理念、教育方法等方面的家庭教育指导。面向城市失业、待业人员，有针对性地开展科学普及、技能拓展、就业创业、职业技能提升等教育培训活动。面向进城务工"新市民"，开展思想道德、职业技能、民主法治、文明礼仪、生活方式等方面的教育培训，丰富精神文化生活，加快其融入城镇生活的进程。积极为社区各类残疾人群提供心理疏导、生存技能、学习提升等培训和服务。（6）社区培训教育组织服务。社区物业管理在有效地引导和帮助大学生、失业人员、农民工走出误区，消除求职者对社区就业存在的个人偏见和心理障碍，充分挖掘个人潜能，树立竞争的就业意识，大胆地到社区就业，这是社区物业管理培训教育组织服务工作的重中之重。社区的物业管理公司要动员社区居民发挥各自特长和优势，热心参与互助性的社区服务，为失业下岗职工提供技能培训、就业信息等服务。社区的物业管理更应坚持以人为本，提高社区服务水平。比如为烈军属、残疾人、孤寡老人等有特殊困难的居民提供福利性服务，为社区居民提供创业、再就业支持与服务。

四、社区政策宣传辅导服务

社区的政策宣传辅导服务是社区精神文明建设和社区建设工作的重中之重。为

社区物业管理升级与服务业个性融合发展新路径

了加强社区精神文明建设,促进社区宣传工作的健康发展,及时向社区居民宣传党和国家的路线、方针、政策是非常重要的。社区物业管理在为社区居民做政策宣传辅导工作的同时,还可以结合网络化信息平台,采用多种方式,广泛开展社区居民思想再教育、再动员,凝聚人心,鼓舞士气,使广大群众自觉形成正能量的主体意识,促进和谐社区建设。

1. 突出社区政策宣传的主要地位

随着街道社区功能的不断拓展、社区建设的深入进行,街道社区政策宣传工作已经成为党在基层和群众中贯彻新时代中国特色社会主义思想,加强社会主义物质文明、政治文明和精神文明建设,完善民主自治,加快城市现代化建设和管理维护社会稳定的重要阵地,街道社区政策宣传工作越来越受到重视。为了加强党对社区工作的领导,充分发挥居民自己管理自己的作用,把新时代中国特色社会主义思想贯彻到社区群众中去,必须把街道社区政策宣传工作放在突出的位置,使社区政策宣传工作不论是在社区党组织构建、制度安排,还是在社区开展的所有活动中,都能在社区建设和社区服务中处于主导地位,对社区建设和社区服务以及社区的其他各类组织都能够产生积极的导向或影响作用。加强社区建设从根本上来说就是要通过全面推进城市基层政权建设,充分体现人民当家做主,维护社区群众的根本利益,不断推进物质文明、政治文明和精神文明的进程和推进城市全面建成小康社会,这就要求街道办和物业管理公司必须站在政策宣传工作的战略全局的高度,把社区政策宣传工作作为新的着力点,用新时代中国特色社会主义思想统领社区建设和社区服务的全部工作,防止社区建设和社区服务偏离党和国家的路线方针政策,偏离社区居民群众根本利益。做好社区党组织的建设工作,发挥社区党组织的领导核心作用,使社区党组织建设成为新时代中国特色社会主义思想的组织者、推动者、实践者,广开选人用才渠道,把那些思想政治素质好、懂管理、会协调、善于做群众思想工作、热心为群众服务并具有一定专业文化水平和经验的人选到社区组织和物业公司的领导班子中,同时要建立健全党的组织机构。当前社区政策宣传工作效果不尽如人意，并非工作不尽力，主要还是由于社区政策宣传队伍的素质无法适应形势要求。要改变这种现状，就要求有关部门多给这支队伍提供学习机会，把加大政策宣传队伍的培训力度当作一项重要任务，既要组织理论学习，又要深入实际调查研究，有针对性地做好政策宣传思想工作。同时，社区和物业工作人员应该认清角色定位，要责无旁贷地站在政策宣传工作的最前沿，要当好社情民意的收集员、群众思想工作的辅导员、维护社会稳定的疏导员、上级决策的传导员等角色，同时加强自身理论培训、业务培训、宣传技巧培训，内强素质，外树形象，唯此才能建设一支能适应新形势下社区政策宣传需要的有较高素质的社区政策宣传队伍。政策宣传工作要坚持以人为本，与时俱进，把着力点放到调动性、创造性上来，充分体现党和政府始终代表中国最广大人民的根本利益。必须立足于关心人、爱护人、团结人，把提高人的素质，充分调动人的积极性、创造性作为主要任务。建立起社区政策宣传立体网络，不仅帮助居民解疑释惑、排忧解难，同时把他们的需要和追求引导出来，自觉地将心与党和政府贴在一起，不断地激励和鼓舞他们去创造、去奋斗，以取得社区思想政治工作和社区建设更好的成果。

2. 多样化开展社区政策宣传辅导工作

社区的政策宣传工作任重而道远，要紧跟国家的发展大局，深入调查研究，用时代的要求来审视政策宣传工作，用发展的眼光来研究政策宣传工作，用改革的精神来推动政策宣传思想工作，努力探索新时期政策宣传工作和精神文明建设工作的特点和规律，逐步形成新思路，创造新方法，开辟新途径，不断把宣传思想工作和精神文明建设做深做实，从而更好地宣传动员社区居民、引导教育社区居民、帮助服务社区居民。重点抓好诚信体系建设和爱国主义、热爱社区教育，全面提高社区居民文明素质和道德水平。居民群众的年龄结构、文化层次、兴趣爱好不同，客观上要求宣传方式、载体更加灵活多样，才会提高宣传思想工作影响力。一是要给居民群众主动参与的机会，要培养居民群众主动参与的意识，让居民群众从台下走到台上，从单向被动接受变为双向互动。二是要丰富传统的宣传手段。比如，文化志愿者茶余饭后的演出完全可以成为宣传思想工作的"主力军"。再比如,在各种座谈、讲座活动里增添各种色彩亮丽的彩图宣传。又比如,将党员大会、居民大会等引入宣传机制,不论效果强弱,都可以尝试。三是要充分利用党报党刊资源,将"社区阅览室"开到居民中。可以委托有责任心的店主、摊贩帮忙管理,在店中放上报夹,定期更换,让居民多些聊天的"话题"。现阶段社区宣传思想工作还要提高针对性与有效性,亟须改变标语、口号式的宣传,要分层次,针对不同领域,不同对象,侧重不同的宣传内容。传统的典型居民群众认为学不来,"高大全"式的典型居民群众认为不真实,因此,社区宣传工作一定要"接地气",要善于发现总结自己身边的典型故事和人物,要学会"自己讲自己的故事",切忌盲目"拔高"。与此同时,社区政策宣传思想工作要载体资源共享。近年来各类新载体不断出现,对社区而言,由于人手有限,资金缺乏,力量不足,又要满足新的载体建设,一般是在原有的基础上拆东墙补西墙,这样做的结果就是载体互相削弱,既浪费了资源,又增加负担,更谈不上真正的有效利用。因此,载体建设要充分考虑社区的实际需要和实际能力,脱离居民群众、脱离实际建设的载体,只能是"形象工程",特别是社区财力十分薄弱,如果不顾实际,超出能力范围,即使建立起新的载体,也可能成为"摆设"。

3. 创新社区政策宣传辅导服务的方式

面对新形势、新任务、新要求,社区政策宣传工作只有解放思想,更新观念,不断探索新规律,提高创新能力,才能牢牢把握时代要求,不断开创新局面。(1)观念创新,不断与时俱进。社区政策宣传工作的主体和客体都是人,必须在观念创新上走在前面。要做到两个正确看待:其一,要转变过去形成的思维定式和教育模式,努力做到心里装着居民群众,眼睛向着居民群众,多深入居民群众中了解实情,多体察居民群众的需求,多办实事,多向居民群众学习,让居民群众由被动变为主动,由客体变为既是客体又是主体。把单向灌输变为双向互动,在平等交流中激发受教育者参接受教育的积极性,使教育生动活泼,入脑入心。其二,正确看待

社区物业管理升级与服务业个性融合发展新路径

新形势下社区政策宣传阵地"市场"与"战场"的关系。宣传思想阵地的"战场"更多地表现为"市场",不占领"市场"就等于失去了"战场","战场"只能在"市场"中巩固和扩大。因此,必须弘扬主旋律,打好主动仗,既要搞好宣传,又要搞好经营,真正树立经营意识,掌握经营本领,使社区政策宣传工作不断增强影响力,提高竞争力。(2)内容创新,不断满足居民群众的精神文化需求。从本质上讲,社区政策宣传工作就是群众工作。居民群众的需求是多方面的,既有政治上、经济上的,也有精神上、文化上的。在新形势下,社区政策宣传工作应围绕居民群众的物质文化需求,在抓好理想信念、思想道德、法制教育的基础上,着力加强反映时代精神、适应实践要求的新理论和新知识的学习教育,把政治性、思想性、知识性有机结合起来,为居民群众提供丰富多彩的精神文化产品,同时要不断拓展新领域,把经济建设、城市建设、文化建设、科技发展、社会进步等方面内容融入到社区政策宣传工作中。务求在"新"字上求突破,在"深"字上下功夫,在"实"字上见成效。(3)方法创新,不断探索宣传思想工作的规律。规律是工作方式、方法的内在依据,工作方式、方法是规律的具体运用。认真研究变化了的工作环境、工作对象、社会条件以及居民群众接受方式等新情况、新特点,并注意找出它们的内在联系,从而逐步认识和正确把握规律,在实践中实现创新。社区政策宣传工作方法创新的要求是方式方法的转变。从实践看,社区政策宣传工作方法创新要努力实现几个转变:一是由经验方法向科学方法转变。过去凭经验的老办法不灵了,必须综合运用多学科结合的成果,形成一套新的科学社区政策宣传工作方法,适应人们开放的思维方式变化。二是由单一灌输型方式向交流型方式转变。交流型方法是主客体互动型方法,在基层尤其有针对性,如今居民群众的自主意识不断提高,过去的"你说我听""我打你追"的方式容易引起居民群众的逆反心理,政策宣传的实际效果也会受到削弱。为了适应新形势下人们的心理特征,社区政策宣传工作要正确理解和灵活运用灌输的原理,由单一灌输型方法向交流型方法转变,使社区政策宣传工作始终"以人为本",尊重人、理解人、关心人。三是由单一纯说教向多种载体传播转变。过去"一张嘴，一个本，一支笔"的政策宣传思想工作载体单一，已不适应今天的社会。在现代社会，传播速度快捷化、传播手段高科技化、传播途径多样化已成为信息传播方式的主要特征。在城区，社区教育、社区文化、社区服务、社区管理已成为一些社区政策宣传思想工作的重要载体，不仅寓教于乐，而且寓教于服务管理的多种活动之中，进一步拓宽了社区政策宣传思想工作入户到人的渠道。现有的宣传方式、宣传载体与居民群众的接受力之间有差距，尽管社区成立了阅览室、文娱活动中心及开展各类文艺活动、咨询活动，但真正吸引居民群众的却不多，往往出现宣传者很急，接受者却很冷淡的尴尬局面。这虽然与居民群众的文化素质有关，但更主要的还是由于政策宣传没有摸准群众的脉络，手段保守，形式单调。群众的年龄结构、文化层次、兴趣爱好不同，客观上要求宣传方式、宣传载体更加灵活多样，这样才会提高政策宣传思想工作的影响力。（4）资源共享，强化宣传阵地功能。一是载体建设如报刊、网络、广播、电视等要注重贴近生活、贴近实际。群众的需要是唯一标准，他们需要什么、满意什么，是政策宣传工作应当着重考虑的。二是要加强部门与部门、单位与单位之间的沟通与协调。三是要加强政策宣传文化阵地的建设，充分发挥其资源效益，物尽其用。如阅览室、活动室、电脑室等，要加强管理，充分发挥其功能作用，寓教于乐，不能当摆设。

五、社会主义核心价值观教育服务

社会主义核心价值观是社会主义核心价值体系的内核，体现社会主义核心价值体系的根本性质和基本特征，反映社会主义核心价值体系的丰富内涵和实践要求，是社会主义核心价值体系的高度凝练和集中表达。为积极培育和践行社会主义核心价值观，中共中央办公厅印发了《关于培育和践行社会主义核心价值观的意见》，提出把培育和践行社会主义核心价值观融入国民教育全过程，把培育和践行社会主义核心价值观落实到经济发展实践和社会治理中，加强社会主义核心价值观宣传教育，开展涵养社会主义核心价值观的实践活动，加强对培育和践行社会主义核心价值观的组织领导。

1. 培育和践行社会主义核心价值观的意义

习近平总书记在十九大报告中强调，"必须坚持马克思主义，牢固树立共产主义远大理想和中国特色社会主义共同理想，培育和践行社会主义核心价值观。培育和践行社会主义核心价值观，是落实基本方略的新举措，是掌握意识形态话语权的新需要，是提升文化软实力的新策略。在党中央坚强领导下，各地区、各部门积极推动社会主义核心价值观建设，各方面工作呈现出向上向好的发展态势。同时也要看到，与推进国家治理体系和治理能力现代化建设的要求相比，把社会主义核心价值观融入法治建设还存在不小差距。有的法规和政策价值导向不鲜明，针对性、可操作性不强，保障不够有力；一些地方和部门在执法司法过程中存在与社会主义核心价值观要求不符的现象；部分社会成员尊法学法守法用法意识不强，全民法治观念需要进一步提高，等等。要从巩固全体人民团结奋斗的共同思想道德基础的战略高度，充分认识把社会主义核心价值观融入法治建设的重要性紧迫性，切实发挥法治的规范和保障作用，推动社会主义核心价值观内化于心、外化于行。进一步把社会主义核心价值观融入法治建设，全面落实依法治国基本方略，坚持依法治国和以德治国相结合，把社会主义核心价值观融入法治国家、法治政府、法治社会建设全过程，融入科学立法、严格执法、公正司法、全民守法各环节，以法治体现道德理念、强化法律对道德建设的促进作用，推动社会主义核心价值观更加深入人心，为实现"两个一百年"奋斗目标、实现中华民族伟大复兴的中国梦提供强大价值引导力、文化凝聚力和精神推动力。

2. 社区融入社会主义核心价值观教育服务

社区作为地域性共同体，以其生活的微观性、现实性，能够更加准确地感知现实的发展变化，使核心价值观由复杂的理论叙事转变为日常的生活场景，从而进一步契合群众诉求，并在利益满足和情感归属上产生共鸣。因此，必须着力探索实现

社区物业管理升级与服务业个性融合发展新路径

社会主义核心价值观的社区融入。（1）广泛开展道德实践活动。以诚信建设为重点，加强社会公德、职业道德、家庭美德、个人品德教育，形成修身律己、崇德向善、礼让宽容的道德风尚。大力宣传先进典型，评选表彰道德模范，形成学习先进、争当先进的浓厚风气。深化公民道德宣传日活动，组织道德论坛、道德讲堂、道德修身等活动。加强政务诚信、商务诚信、社会诚信和司法公信建设，开展道德领域突出问题专项教育和治理，完善企业和个人信用记录，健全覆盖全社会的征信系统，加大对失信行为的约束和惩戒力度，在全社会广泛形成守信光荣、失信可耻的氛围。把开展道德实践活动与培育廉洁价值理念相结合，营造崇尚廉洁、鄙弃贪腐的良好社会风尚。（2）深化学雷锋志愿服务活动。大力弘扬雷锋精神，广泛开展形式多样的学雷锋实践活动，采取措施推动学雷锋活动常态化。以城乡社区为重点，以相互关爱、服务社会为主题，围绕扶贫济困、应急救援、大型活动、环境保护等方面，围绕空巢老人、留守妇女儿童、困难职工、残疾人等群体，组织开展各类形式的志愿服务活动，形成我为人人、人人为我的社会风气。把学雷锋和志愿服务结合起来，建立健全志愿服务制度，完善激励机制和政策法规保障机制，把学雷锋志愿服务活动做到基层、做到社区、做进家庭。（3）深化群众性精神文明创建活动。各类精神文明创建活动要在突出社会主义核心价值观的思想内涵上求实效。推进文明城市、文明村镇、文明单位、文明家庭等创建活动，开展全民阅读活动，不断提升公民文明素质和社会文明程度。广泛开展美丽中国建设宣传教育。开展礼节礼仪教育，在重要场所和重要活动中升挂国旗、奏唱国歌，在学校开学、学生毕业时举行庄重简朴的典礼，完善重大灾难哀悼纪念活动，使礼节礼仪成为培育社会主流价值的重要方式。加强对公民文明旅游的宣传教育、规范约束和社会监督，增强公民旅游的文明意识。（4）发挥优秀传统文化怡情养志、涵育文明的重要作用。中华优秀传统文化积淀着中华民族最深沉的精神追求，包含着中华民族最根本的精神基因，代表着中华民族独特的精神标识，是中华民族生生不息、发展壮大的丰厚滋养。建设优秀传统文化传承体系，加大文物保护和非物质文化遗产保护力度，加强对优秀传统文化思想价值的挖掘，梳理和萃取中华文化中的思想精华，作出通俗易懂的当代表达，赋予新的时代内涵，使之与中国特色社会主义相适应，让优秀传统文化在新的时代条件下不断发扬光大。重视民族传统节日的思想熏陶和文化教育功能，丰富民族传统节日的文化内涵，开展优秀传统文化教育普及活动，培育特色鲜明、气氛浓郁的节日文化。增加国民教育中优秀传统文化课程内容，分阶段有序推进学校优秀传统文化教育。开展移风易俗、创新民俗文化样式，形成与历史文化传统相承接、与时代发展相一致的新民俗。（5）发挥重要节庆日传播社会主流价值的独特优势。开展革命传统教育，加强对革命传统文化时代价值的阐发，发扬党领导人民在革命、建设、改革中形成的优良传统，弘扬民族精神和时代精神。挖掘各种重要节庆日、纪念日蕴藏的丰富教育资源，在一些重要的时间节点举办庄严庄重、内涵丰富的群众性庆祝和纪念活动。利用党和国家成功举办重大活动的时机，因势利导地开展各类教育活动。加强爱国主义教育基地建设，形成实体展馆与网上展馆相结合、涵盖各个历史时期的爱国主义教育基地体系。推进公共博物馆、纪念馆、爱国主义教育基地和文化馆、图书馆、美术馆、科技馆等免费开放，积极发展红色旅游。

3. 探索社区践行社会主义核心价值观的新路径

作为个人成长重要的外部环境，社区文化氛围能够极大地影响一个人的价值观、世界观、个人生活方式、道德素养等，社区应该是一个滋养的环境，为个人、为家庭提供归属感，提供文化、信仰、情感支持。但是当前社区越来越难以为个人及家庭提供归属感及文化、信仰支持，社区不再是一个能够自给自足的经济联合体，社区内部成员之间的依赖与合作关系越来越淡薄，人与人之间的关系越来越呈现原子化状态，整个社会结构和阶层也日益碎片化。社区物业管理教育服务要在实践过程中探索出社区践行社会主义核心价值观的具体路径，通过加强组织规划、营造文化氛围、组织主题活动、整合网络资源和鼓励基层实践等方法，积淀丰富的工作经验，为推进社会主义核心价值观"内化于心、外化于行"作出重要贡献。（1）

社区物业管理升级与服务业个性融合发展新路径

在社区物业管理教育服务中提高认识。培育和践行社会主义核心价值观是推进中国特色社会主义伟大事业、实现中华民族伟大复兴中国梦的战略任务，对于巩固全党全国人民团结奋斗的共同思想基础，对于促进人的全面发展、引领社会全面进步，对于集聚全面建成小康社会、实现中华民族伟大复兴中国梦的强大正能量具有重要的现实意义。（2）社会主义核心价值观丰富社区物业管理教育服务内涵。培育和践行社会主义核心价值观与发展社区物业管理教育服务是互动生成的关系，借助社会主义核心价值观的价值引领，能赋予社区物业管理教育服务新的元素与活力，不断丰富社区教育的发展内涵。首先，社会主义核心价值观能够丰富社区教育的指导思想，凸显社区教育在培育和践行社会主义核心价值观中的重要使命，为社区教育发展指明前进方向。其次，社会主义核心价值观能够增强社区物业管理教育服务工作者的文化自信，增强全体社区工作者的文化向心力，将全体社区工作者的意志与力量凝聚起来，形成广泛的价值共识。其三，社会主义核心价值观能够丰富社区学习者的课程内容，社会主义核心价值观是对中华民族优秀传统文化的提炼与升华，通过中华民族优秀传统文化丰富课程内容，增加社区教育资源供给，不断塑造社区居民的思想观念与行为方式。（3）拓展社会主义核心价值观教育的平台载体。着力完善网络学习平台为适应新形势、迎接新潮流，积极践行社会主义核心价值观，社区物业管理教育服务引进现代信息技术，开创"互联网＋社区物业管理"的新格局，依托信息技术，打造一站式集成网络客户端、挖掘移动终端的优势、用好线上资源、组织网上学习交流活动和实时帮助社区居民在线学习等，多方面推进社会主义核心价值观的培育。积极响应数字化资源在社区层面进行统筹策划，围绕传统文化主题建立多个子系列的学习资源，资源类型涵盖网络课件、高清视频、电子书和手机客户端等。积极发挥社区物业管理服务的指导功能，引导社区居民对本社区有关传统文化的特色进行数字化升级，提高社区居民对移动终端的实效性。（4）勇于在社会主义核心价值观教育中探新。一是创新形式，深挖内涵，扩大活动的社会影响在社区教育中践行社会主义核心价值观的工作没有终点，未来各社区物业管理还将持续、深入地推进该项工作，一方面更加注重创新形式，丰富在线学习、团队学习、体验学习等在核心价值观培育中的比重；另一方面更加注重深挖内涵，凸显地方特色，努力孕育出既有浓厚的乡土特色又有时代气息的新型文化。二是动态调研，及时反馈，关注社区居民的参与体验随着社会主义核心价值观培育工作的持续深入，必须充分利用网络平台的学习信息统计分析功能，为社区居民提供精准化的教育服务。加强与专业业务公司的合作，对社区居民参与社会主义核心价值观活动的情况进行动态调研，及时反馈社区居民需求，关注社区居民的参与体验和学习体会，提供丰富、便捷、优质的学习机会。三是传播方式灵活多样。发挥互联网、QQ、微信、微博、手机报等新媒体的作用，使新媒体真正成为推进社会主义核心价值观建设的新渠道、新路径。加强阵地宣传，利用城区街道、广场、橱窗、电子屏、灯箱、广告牌等阵地，以公益广告、漫画、标语等多种形式宣传社会主义核心价值观。不断加强文艺精品创作，广泛开展丰富多彩的群众性精神文化活动，引导大家树立积极向上的价值理念，让大家对社会主义核心价值观深刻理解、高度认同、形成共识。

参考文献：

1. 赵彦金. 社区群众文化建设存在的问题与对策[OL]. 中国论文网，https://www.xzbu.com/1/view-7372265.htm.

2. 贺敬. 提供更好的社区法律顾问服务[OL]. 深圳特区报，[2016-09-26]. http://sztqb.sznews.com/html/2016-09/26/content_3626075.htm.

3. 省教育厅等部门关于加快发展社区教育的实施意见[OL]. 苏教社教[2017]1号，[2017-06-12]. http://www.wjtvu.cn/content.aspx?id=E7C962C38D04A42A.

4. 吴莲. 浅谈如何做好街道社区宣传思想工作[OL]. 阿勒泰新闻网，[2015-10-28]. http://www.

社区物业管理升级与服务业个性融合发展新路径

altxw.com/wyyl/content/2015-10/28/content_9412446.htm.

5. 刘丹. 社区教育与精神文明建设的结合研究[J]. 亚太教育，[2016(22)]. http://www.cnki.com.cn/Article/CJFDTotal-YATA201622234.htm.

6. 李屏南，文军. 社区发展与社区精神文明建设论略[J]. 益阳师专学报，[2000(01)]. http://www.cnki.com.cn/Article/CJFDTotal-YYSZ200001022.htm.

附录：

《中小城市绿皮书
中国中小城市发展报告（2016）》

"互联网+"与"五众"

何开秀

摘要： "互联网+"的过程就是互联网渗透率不断提升的过程。"五众"包括"众创""众包""众扶""众筹"和"众生"，是"互联网+"背景下，根据国家去库存、补短板、降成本、去产能、去杠杆的"供给侧改革"策略而推出的一套组合拳解决方案。

关键词： 互联网+众创　众包　众扶　众筹　众生

互联网的诞生，开启了一个全新的时代。随着"互联网+"被写入政府工作报告，"互联网+"成为时下人们谈论的热词。

"互联网+"的过程，就是互联网渗透率不断提升的过程，这是未来的趋势，是避不开的必由之路。当然这需要一个过程，就是实体企业逐步实现承上启下的衔接，新老模式实现融合和迭代发展的过程，我们需要结合我国企业的实际情况来探索和研究。

社区物业管理升级与服务业个性融合发展新路径

一、国内中小企业现状和遇到的瓶颈

改革开放40年来，中小企业和民营经济迅速发展，成为国家经济发展的基石。据有关数据统计，中小企业在数量上占据了全国企业总数的9%以上，对GDP增长的贡献在50%以上，在利税方面占到60%以上，在就业上占到85%以上。由此可以看到，崛起的中小企业不仅是推动中国经济发展和应用新技术的生力军，还在中小企业增加就业、促进经济增长、科技创新与社会和谐稳定等方面发挥了不可小觑的作用。大力有效促进中小企业健康发展是实现中国梦的有效途径，这正是国家政府高度重视中小企业发展最根本的原因。

为促进中小企业健康发展，培育新的经济增长点，国务院积极推进大众创业、万众创新和推动实施"互联网+"行动具体部署，并加快推动众创、众包、众扶、众筹等新模式、新业态发展。中小企业如何在这个"互联网+"时代去实施"众包""众扶"等企业创新模式和计划？这需要正确分析我国中小企业所面临的现状和困难，只有知道自己的短板，才能去补短板、去短板。

（一）中小企业的发展现状

中小企业遍布各个区域，而且数量巨大，已经成为推动国家经济平稳健康发展的重要力量，其不仅是提升技术创新能力的生力军，还是稳定就业和实现社会和谐的重要担当者。但纵观国内中小企业的发展历史和过程，发展状况并不乐观，主要体现在以下几个方面。

第一，规模小。中小企业经济基础相对薄弱，在生产规模、人员配备、资产拥有量、营销能力等方面都无法和大企业相提并论，社会影响力不足。中小企业也因自身经营风险和不稳定性偏高等因素，为同等水平人力资源支付了更高的人力成本，进一步增加了企业经营压力和风险，阻碍了企业发展壮大。

第二,地域性强。从城市到乡村,从手工作坊到高新技术产业,中小企业遍布各行各业,但中小企业活动范围比较小,地域性强,特别是人员的构成更具有明显的地域性,有时容易形成排外的企业氛围,不利于企业引进创新人才,企业发展局限性大。

第三,缺乏团队精神。大企业持续正常的运作依靠的是科学、完善的制度,中小企业缺乏系统、完善的管理制度体系,员工缺乏共同的价值观念,往往对个体的力量依赖性更大,对企业的认同感不强,团队意识薄弱,导致企业战斗力比较弱。

第四,不注重文化建设。在企业发展方面,中小企业太急于求成、盈利心切,盲目扩张,不注重企业文化建设和品牌建设,没有把消费者需求放在第一位,缺乏用匠人之心做好产品的态度,产品缺乏足够的市场竞争力,导致消费者对品牌的依赖性差,没有长期稳定的消费群体,从而阻碍了企业长期稳定发展。

(二)中小企业面临的主要瓶颈

随着全球经济一体化的持续发展和市场竞争的日趋激烈,中小企业的生存和发展将更加艰难。中小企业发展瓶颈有如下方面。

第一,人才吸纳问题。由于中小企业规模小、资金不足、稳定性差、福利不健全等原因,很多优秀人才不愿意冒险去中小企业发展,这是中小企业难以吸引与留住高层次人才的一个重要原因。

第二,发展目标和方向不明确。国内很多中小企业在经营过程中急功近利,社会上流行什么产品,就生产什么产品;什么产品赚钱,就卖什么产品,对未来发展没有明确和系统性的规划。

第三,缺少发展资金。中小企业大多是民营企业,民营企业的老板大多数文化程度不高,创业初期从小作坊起步,经过多年打拼企业才逐渐发展起来,规模较小,资源有限,社会信任度低,凭借民营企业个人的力量很难筹集到发展所需要的资金。此外,地方政府对中小企业的财政支持不足也是中小企业缺少创新、发展资金受限的重要原因,融资难成为长期困扰制约中小企业发展与生存的瓶颈问题。

第四，管理混乱。中小企业在创业初期，很难招募到合适的人才，大部分都是请亲戚、朋友等加盟企业，来进行共同经营。这样往往导致企业内部人员关系复杂，企业没有统一的管理制度体系，经营决策往往由老板个人或者凭借亲疏关系拍板决定，法制观念淡薄，经营过程中容易出现各种各样的问题。

第五，产品积压严重。中小企业没有发展目标，社会上热销什么就一窝蜂生产什么，加上经济下行压力加大的严峻局面，消费者手里资金少，没有消费能力，导致很多企业产品卖不出去，库存严重。

二、互生"五众"实施计划

通过以上分析，我们已经清楚了中小企业面临的问题，那如何解决呢？下面以"众包"为例进行说明。众包就是互补短板，是解决企业困境的有效途径之一。利用在校大学生或者社会创业人员、电子商务公司等精通电子商务的优势，去承包中小企业的电商经营，这样可以让需求方和承接方实现无缝对接，降低企业沟通成本，满足企业和民众双方的最大需求，促进企业进行生产方式变革和创新，同时让民众便捷创业、灵活就业。创业者在初创时期，通常会遇到各种各样的困难。比如缺乏好项目、资金不足、没有人才、产品上市推广难等问题，如果通过互联网平台承包企业的电商，这样不仅解决了创业上遇到的没有好产品、缺乏资金等难题，同时帮助企业解决了缺少人才、不懂电商技术等瓶颈，这对创业者和企业来说都是双赢的局面。众包模式在国外的一些行业已经产生了颠覆性的影响，比如一个跨国公司耗费几十亿美元也难以完成的研发难题，被一个其他领域的人在短短的一两周时间就圆满完成了。众包实实在在为企业补了短板。

那么，中国经济新模式实施平台——互生系统平台是怎样去实施这个计划的呢？互生系统平台推出的"五众"计划是根据国家去库存、补短板、降成本、去产能、去杠杆的"供给侧改革"策略而推出的一套组合拳解决方案。互生提出的"五

"众"包括众创、众包、众扶、众筹和众生。下面以互生"五众"计划为例来阐述其中原理,解析互生如何运用"互联网+"为中小企业解决问题。

1. 众创——大众创业,万众创新

众创计划是互生系统平台要给消费者送上一张互生卡(消费福利卡)和5000元消费抵用券,需要大量的组织者、创业者、参与置换发卡活动的企业和参与积分活动的企业。为了把消费红利分享给参与发卡者,互生把消费者资源按照一万人为一个"托管项目"的模式进行创业孵化,发卡一万张就算孵化成功一个企业,再成立托管公司来服务后续的利益分配。凡是参与组织、创业推广和促销置换发卡的企业都将获得发卡托管的股权收益。通过免费为消费者发放互生卡(消费福利卡)的置换来调动需要创业的年轻人参与到互生的落地计划之中,通过互生的落地实现创业人员"免费创业成功"的计划。

2. 众包——帮扶中小企业(电商)补短板

互生"五众"计划中的众包计划,是以大学生的创业来帮助中小企业(电商)补短板的方式,给到中小企业一个看得见摸得着、参与得了,而且不用花钱,就能够平稳拐弯、过渡的一套解决方案。众包计划是利用互生系统平台托管公司的创业团队,调动年轻的创业人员承包企业电商业务,以此来弥补传统中小企业电商操作困难的实施计划,即为传统企业与创业者提供互补短板、共同成就的电商平台。大学生众包企业电商并进行服务,消费者在网上进行消费,实体企业在网下负责配送和提供售后服务,消费者在网上购物实现企业网上交易后,企业给创业电商众包者提成3%~5%;创业者众包企业的电商,不仅为企业补了短板,还节省了人力。

具体来讲,众包就是用大学生精通互联网和电商运营的长处去弥补传统实体企业的短处,用实体企业有产品,并能提供产品售后服务的长处来补大学生创业缺资金、缺产品的短处。给年轻的创业人员和一些传统的企业提供对接平台,让企业和创业大学生进行对接,传统企业的电商由创业大学生来承包,商品没有卖出去商家不付钱,卖出去了商家给大学生创业者一点点提成,为实体企业降低了成本。

社区物业管理升级与服务业个性融合发展新路径

在国家提出"大众创业、万众创新"的当下，很多年轻创业人员想创业，他们有电商知识，但是他们没有实体经营的经验。他们如何和产品销售企业或者商家对接？企业给大学生提供产品，大学生去做电商，互生系统平台免费为企业提供电商平台，让企业免费实现电商经营，低成本实现电商管理和交易服务，新增盈利渠道，双方的难题都解决了。过去国家花了很多钱去培训精通电子商务的人才，但人才培养是一个长期的过程，不是一两年就能够解决的。那么换一种方式，问题就解决了。例如，在国内"互联网+"的发展过程中，出现一个结构性的薄弱环节，老年人会做生意，但不懂电商；而年轻人懂电商，却没有做生意的经验。如果把年轻人和老年人之间的不足进行互补，这就是众包。时代在发展，科技在进步，知识以前所未有的速度在更新，在社会的极速变迁过程中，必然会经历新老模式融合和迭代发展的过程。

随着消费方式的多元化发展，当下年轻消费者更愿意消费高品质产品，习惯电子商务购买形式。众包同样适合于发展农村电商。对于广大身居农村的农民来说，电子商务是他们的业务短板，互生"五众计划"中的众包就能很好地解决这一问题，农民朋友手上有性价比高、生态环保、质量上乘的农副产品，互生组织的创业团队有娴熟的电商经营管理技术，互生有专业的电子商务平台，三者合一，最优化地实现了"商品+运作+平台"的和谐融合，三者之间互补短板。更重要的是，在互补短板的过程中，产品生产方和电商运作团队都不需要投入前期资金，各方收益都将来自产品售出后的利润分成，极大地降低了各方的运作成本。

众包不仅解决了农产品销售过程中在电子商务领域遇到的短板，对于电子商务企业来说，也是一个发展机遇。任何电子商务企业都应该用这种方式去整合资源，互补短板。

3. 众扶——助力中小企业促销去库存并实现持续盈利

互生"五众"计划中的众扶计划是利用互生卡（消费福利卡）为消费者创造的价值和签约预存的5000元消费抵扣券，通过全国线上、线下吸引消费者要卡而带来的消费行为，达到促销"去库存"的实施计划；凡是需要促销去库存的企业，只要产品是消费者生活中需要的正规商品，都可以免费参与去库存的置换促销活动。

企业去库存可以直接打折，为什么要通过给消费者的积分活动和使用抵扣券的活动？明明是要企业让利，为什么说是在帮扶企业？

我们都知道，企业让利和消费者捡积分是一种买卖竞争的表现形式。要企业给消费者积分就是要企业让利，企业凭什么要让利？如果仅仅只是为了竞争，企业可以直接打折，又快又直接。所以要企业参与积分活动是需要满足企业最大的需求。我们知道大多数企业也和消费者一样追求眼前利益，对长远的事情不敢抱奢望，所以要满足企业的最大需求，让企业愿意给积分，就要满足企业以下几个条件：①不增加企业的负担，还要立竿见影为企业促销产品；②为企业降低经营成本，同时还为企业增加更多的好处；③给企业一个新的出路。而对于消费者来说，积分的好处没有打折来得直接，所以要消费者愿意去捡积分，就要把积分的好处放大，让积分的好处比打折的好处来得更多、更大、更长远。因此，互生的众扶计划是把企业的一次打折变成了置换托管企业股权的投资而实现企业持续盈利；把消费者的折扣省钱模式也变成了消费者的长期赚钱模式，通过积分让消费者获得一定的福利保障。

只要企业通过使用互生系统并免费发卡给消费者，在为企业吸引顾客上门消费的同时通过互生卡（消费福利卡）把顾客的终身消费锁定，实现企业与消费者终身互利，企业发卡越多，收益越大，企业给消费者积分越多，消费者的收益越大，消费购买力就越强，企业收益也越大。互生不仅仅为企业实现降低经营成本、增加盈利点，还帮助企业锁定消费者的终身消费，实现企业持续盈利的同时也解决了消费者的收益来源和后顾之忧，培育了消费市场的购买力。众扶计划，一方面为消费者提供了生、老、病、医保障的解决路径，另一方面在帮助企业促销去库存的同时，还为企业培育了未来的市场购买力。

4. 众筹——盘活闲置资源

众筹不是筹钱，今天中国经济遇到的问题不是钱能够解决的，而是筹人和筹资源。利用互生卡（消费福利卡）的托管项目股权来与企业置换，把企业的促销折扣置换成托管股权，把闲置的办公室资源、广告资源、产品资源等置换成股权。盘活闲置资源是互生"众筹"的目的。

5. 众生——实现全民持股

众生就是实现消费者全民持卡后，企业与消费者实现互生互利而共赢。企业给消费者积分，是为企业的来年收益播种，没有消费者收益，就不会有企业的生意；没有企业的生意，就没有老百姓的安定生活，两者关系是一体的，谁也离不开谁。消费者积分投资将实现全民持股奔小康。

三、关于互生

互生"五众"实施计划是互生科技在国家大力倡导"互联网+"与供给侧改革的大环境下，根据去库存、补短板、降成本、去产能、去杠杆的供给侧改革策略而推出的一套组合拳解决方案。那什么是互生经济、互生模式，互生系统平台又是怎样的平台，互生科技又是一家什么样的企业？

1. 关于互生经济

互生经济，就是通过特定技术把消费资源和生产资源进行格式化整合，形成消费资本力量，从而实现消费资本的延伸和买卖互利，并实现周而复始的循环经济模式。互生经济的基础是市场机制成熟、科技高度发达，互生经济的直接推动力则是生产力发展到一定阶段的产能过剩。

2. 关于互生模式

互生模式就是互利模式。我们知道，几千年来买卖是不相容的，可是我们今天处在科技高速发展的时期，科技发展解放了大量的劳动生产力，就业环境的改变将直接影响到消费者的收益来源，而消费者的收益会直接影响到消费市场的购买力，市场购买力的疲软，必然导致产能过剩，企业生意不好，就业员工收益降低，进入恶性循环。这是一个全球性的问题，无论是发达国家还是发展中国家或贫困国家都将面临这个严峻的时代性问题。因为科技自动化的普及将取代传统人力资源的应用，社会对人才的需求将从普通劳动生产力过渡到科技人才生产力的需求上来，适应社会发展需要一个过程，可是对大多数没有接受过高等教育的人来说，这是一个脱节的时代。不仅如此，自动化发展趋势必然导致两极分化的速度加快，社会矛盾将因为两极分化而突出。缩小贫富差距就意味着要改变分配模式，这是一个非常敏感的话题，稍不顾全又会带来更多的社会问题而引发更大的社会动荡。

互生是通过互惠互利的商业模式，利用买卖竞争来构筑买卖互利的机制，通过买卖互利来做大市场，通过做大市场来重构企业股权，通过股权投资来改变分配格局，通过股权的利益分配来实现社会利益的全面互利，在保护了资本发展的基础上实现全民互利的保障。这是时代发展的必然趋势，也是社会和谐发展的必要条件。

3. 关于互生系统平台和互生科技

互生系统平台是以互生经济理论为基础，应用互联网络互生系统的技术支持建立的一个互利共享平台；互生系统是企业创新型商业模式的应用工具，是通过市场机制来解决社会经济发展遇到的问题；互生卡（消费福利卡）是消费者通过持卡去互生系统的使用企业消费时捡积分的工具，消费者通过消费捡积分就能建立自主的生存、养老、免费医疗补贴计划的社会化保障平台。而互生科技是互生系统平台的运营机构。要实现互生计划就需要企业使用互生系统，需要消费者使用互生卡（消费福利卡），为了快速普及互生系统的使用和互生卡（消费福利卡）的发放工作，互生推出了"五众"计划。

互生系统平台是一个社会问题的解决方案，它在实施过程当中的目的就是为企业、为老百姓解决问题，也是为政府分忧解难。

互生"五众"计划，运用互生系统和互生卡（消费福利卡）能给企业和消费者带来持续收益和福利保障的特点，不仅能够解决中小企业发展与转型的问题，还能够帮助消费者实现消费增值，从而实现企业与消费者之间的利益相连、生生相息、和谐互利。随着互生"五众"计划的深入实施,相信中小企业的发展瓶颈问题将能够得到有效解决。

目前,互生的落地工作已经全面展开,各地的宣传活动正在紧锣密鼓推进。由于各地政府和企业对互生的认知度有限,对于新事物的认识与接受等要一个过程,因而还没有达到快速普及的程度,还需要通过不懈的努力才能早日实现互生的全面普及。

(2016年11月)

《中国改革报》改革·发展·创新·转型

"致敬改革开放40年推进农业农村现代化"研讨会在京圆满落幕

金风送爽、秋色宜人。2018年9月8日,"致敬改革开放40年推进农业农村现代化"研讨会在北京国家会议中心召开。有关专家、政府工作人员、企业家、媒体记者汇聚一堂,深度解析推进农业农村现代化的实现路径,交流精准扶贫实操经验,研讨农产品销售与"互联网+"的融合解决方案。

本次研讨会由中国改革报社主办、农创品牌运营股份有限公司和和睦社区网络科技股份有限公司协办。

今年是改革开放40周年。40年前,安徽省凤阳县小岗村农民印在一纸分田到户契约上的18个红手印,昭示着我国波澜壮阔的改革从农村破冰;40年来,从家庭联产承包责任制到延续两千多年的农业税宣告终结,从聚焦"三农"的"中央一号文件"到大力推进新型城镇化,被改革唤醒的农村大地焕发出勃勃生机,亿万农民在农村改革进程中迎来"新生"。站在新的历史起点上,党的十九大报告做出实施乡村振兴战略的重大部署,提出要坚持农业农村优先发展,按照产业兴旺、生态宜居、乡风文明、治理有效、生活富裕的总要求,建立健全城乡融合发展体制机制和政策体系,加快推进农业农村现代化。

研讨会上,中国改革报社社长宋葛龙在致辞中结合自己成长经历,感叹改革开

社区物业管理升级与服务业个性融合发展新路径

放40年来的城乡巨变;中国改革报社副社长、中央电视台特约评论员杨禹亦在演讲中描述了改革开放40年给全国人民特别是农民带来的深刻影响;国家发改委城市和小城镇发展研究中心政策研究院院长、研究员范毅深度解析了城镇化背景下的乡村振兴战略;农业农村部规划设计院研究员、宁夏回族自治区农牧厅党组成员兼厅长助理邓先德介绍了宁夏的脱贫攻坚路径;重庆长寿区商务局副局长余云清就精准扶贫与脱贫效果进行了交流。

来自全国各地投身农业产业发展的企业家及人民网、新华网、央视网、凤凰网、新浪网、中国网、光明网、千龙网、中央电视台、北京电视台、《中国企业报》、《中国信息报》等30多家新闻媒体的记者共计300多人参加了研讨会,中央电视台著名节目主持人任志宏主持了本次研讨会。

(2018年9月8日)

《中央电视台 对话中国品牌》
和谐互生 消费增值

主持人：树立中国品牌形象，提升中国品牌价值。这里是对话中国品牌节目。今天我们来探索一下消费者与商家的关系。我们演播室请到的是"北京互生经济学研究院"院长何开秀女士。欢迎您，何总。你的研究院叫做"互生经济学研究院"，我理解，是不是研究消费者与商家之间的关系呢？

何院长：是的。从"互生"两个字来看，字义上理解就是互生互利。互生经济学研究的内容就是解决买与卖之间的互利关系。

主持人：所以才起名叫互生。我们当然希望互生能够进入一种常态。但是我们经常听到一句话叫做"消费者是上帝"，而我作为一位消费者来说，对消费者是上帝没有切身的体会。请问这种互生究竟怎样形成呢？

何院长：要形成互生，消费者要成为上帝是需要条件的。如果产品在供不应求的时候，就是卖家说了算，所谓卖方市场，消费者有钱都买不到东西。

主持人：这时上帝的感觉就找不到了。

何院长：如果今天已经过渡到买方市场，你的产品就卖不出去了，那么消费者的价值就突显出来。但突显出来后，至今也没有一种机制能让消费者体会到上帝的感觉，只能说我们今天显示上帝的感觉是打折优惠，其实这一点是不够的。

主持人：我知道互生还有一个系统平台，对于这样一个平台，消费者在上面就

社区物业管理升级与服务业个性融合发展新路径

能有自己当上帝的感觉了吗？

何院长： 互生研究的是买卖互利。但是要解决买卖互利不是一句话那么简单，也不是一位消费者或者一家企业就能实现的。一家企业实现的只能是打折、优惠。但是，打折给社会带来的并不是良性循环，而是恶性的。互生起到什么作用呢？就是一手托着企业，一只手托着消费者，来建立企业与消费者之间的互利。用互生这个解决办法来帮助企业与消费者之间的互利。就像有一个在河的这边，一个在河的那边，要过河就要搭桥。互生就是企业与消费者买卖互利的桥梁。

主持人： 嗯，具体是怎么做到呢？

何院长： 简单说，社会发展，买卖不相容走到今天，科技发达，大量的自动化解放了大量生产力，而这些生产力的解放，把大量工人边缘化。因为工厂自动化后，生产的产品更标准，质量更高，成本更低，大量工人边缘化了。这是一个方面。第二个方面，互联网络、电商平台又把中间的销售环节砍掉，把企业竞争变为大范围的竞争。很多老百姓赚钱就越来越难，这时候就会发现一个问题，生产产品越多，老百姓包里的钱越少，赚钱越困难。赚钱很困难时，商家的产品本来想薄利多销地卖出去，结果没有形成薄利多销，反而形成恶性竞争。互生就是在这样的环境下和这样的条件下，通过一种技术把消费资源和企业资源进行重新整合，重新建立买卖关系，达到互利。

主持人： 你为什么想要建立这样一个消费者与商家之间的搭建桥梁的平台呢？

何院长： 国家的经济发展也好，社会经济发展也好，企业的经济发展也好，包括老百姓的就业也好，都离不开企业的持续发展。国家经济来源于企业，老百姓的就业也来源于企业，社会的良性发展还是来源于企业。可是我们发现一个问题，企业的生意非常难做。为什么呢？生产了大量的产品，卖不出去。那么消费者呢？找工作有困难，赚钱有困难，都不知道去哪里赚钱，再加上把赚到的一点钱都拿去投资了，消费回报市场的力度就很弱。这个时候生意做不了，企业发展不了，国家经济税收没有，老百姓就业没有，赚钱没有，社会就出现大问题。如果我们还是沿用传统那些商业模式，不去突破这个买卖不相容的状态的话，我们就永远解决不了问题，永远都是贫的越来越贫，富的越来越富。最后富的也会贫，为什么？他做不动呀！这样经济就会出现危机，一旦经济出现危机那就是社会问题。

主持人： 从这点来看，无论是消费者还是商家，都是弱势。

何院长： 这是相辅相成的。在科技发展、社会发展到今天的时候，仅仅从企业单项资源来看，它也是很被动的、很弱势的。

主持人： 好的，那么这样的系统平台，后面一定有一个非常完善的网络，还有人才队伍，在这方面是怎么做呢？

何院长： 首先得有一套完整的经济理论。它必须要形成一套理论才行。其次要把这套理论变为现实，还需要庞大的研发团队，把这些理论、规则（游戏规则）以及制度，镶嵌在这套系统里。我们有理论研发团队，有技术系统研发团队。研发出系统来还不行，还要管理。管理过程中还要不断完善、维护。最后还要去培训，要教会企业这个理念。所以它不是一个小团队，而是一个庞大的团队。

主持人： 好吧，我们一个一个地说。先说这套理论是从什么时候研发出来的。

何院长： 说起研发这套理论，不是一日一时开始的。我开始提出第一个问题时是1983年，当时由于汇率的问题，我发现货币里面的汇率会给企业带来很大的风险。我从那时起就开始找社会问题，到今天已30多年了。就是说这套解决办法从我寻找社会问题到找到解决办法到今天经历了30来年。

主持人： 30多年你一直在不断地完善这套理论。

何院长： 在探索，在找问题，找解决办法。找到解决办法还要把它变成现实，变成现实还要到市场去应用，应用过程中还要得到社会的认可。要经历很多这样的过程。

主持人： 能不能举例说一说，把它变为现实这一步是怎么做的？

何院长： 今天见到的互生操作已经是很简单的动作了。比如说，我们在座的消费者，他只要持有一张具有互生标识的卡，去到企业消费，把消费时企业给到的积分捡回来。积分一秒钟就能到达消费者的账上。消费者把这个积分拿到以后，可以拿去兑现金，跟任何一个银行的卡无缝对接。

主持人：现在我听说这套理论已经形成了一部著作，叫《互生经济学》，那么这部著作主要探讨的核心问题就是消费者与商家的关系吗？

何院长：这本书要解决三个方面的问题。一个是如何把商场的生意做大，如何让这个恶性循环变成良性循环。这是对企业的层面。第二个层面是解决老百姓的问题，怎样让消费者的消费产生价值，实现二次分配和三次分配。第三个层面，还要为国家和社会解决一些政府用行政手段比较难解决的疑难问题、经济问题。经济问题主要是通过市场办法来解决。这是一个全方位的合理的解决办法。所以互生经济学所描述的不仅是企业赚钱的工具，或者是消费者赚钱的工具，最关键的它还是一个社会问题的解决方案。

主持人：刚才我们讲到这个理论基础。接下来是推广这些理论在现实当中的应用，这个团队每天在做什么？

何院长：这个理论要落地的话，这一块我们目前首先走三步。第一步我得有些样板，要完善系统的操作应用。

主持人：这些样板的选择标准是什么？

何院长：目前样板的选择没有特意的，只要能看懂的，认可这个理念的人都可以来。但是这个阶段已经走完了。现在我已经进入全面的、全国的大面积推广阶段。

主持人：这是理论的具体操作。还有一个团队的构成，维护平台的正常运营，这个团队在忙些什么？

何院长：这个团队忙的就多了。现在研究的要研究互生经济的延伸理论。系统研发的要走两块，第一块是不断开发新的业务系统，第二块要不断沉淀我的老系统。只有沉淀才能打造精品。精品出来还要运营、维护；还要到市场去培训企业，要告诉企业怎样应用；还要做宣传，告诉消费者，互生卡（消费福利卡）有什么好处等。这是一系列的系统工程，它不是一句或者两句话就能解决的。

主持人：对于具体的消费者来说，假如我用了你的卡，在系统平台上占有一席之地，有一个身份，我能获得什么保障？

何院长：消费者是我们整个系统里最大的受益人。互生平台的使命就是为企业实现持续盈利，为消费者实现消费增值，提供解决办法和永续收益的保障服务。就是说，我给你一个工具，你拿着这个工具去把积分捡回来，只要你捡得越多，生存问题、养老问题就解决得越快。

（插播告白：北京互生经济研究院，是经过政府批准并颁发了经营实验资质证书，建立在互生经济学著作上的学术研究机构，2015年5月成立于北京。研究院以互生经济学理论为指导，以互生系统平台技术为基础设施，专注研究当今市场大环境下企业在发展过程中所遇到的转型、商业模式突破、持续盈利以及由此引发的民生问题、社会问题、经济危机等一系列问题。为企业实现持续盈利、消费者实现消费增值提供解决方案及永续收益。）

主持人：刚才讲了消费者。那么站在另一个角度，商家在我们这个平台里能获得什么收益呢？

何院长：如果我们今天为了消费者利益去伤害商家的利益，那是走不通的。其实，如果想把消费者的问题、国家的社会问题解决，最关键的离不开的一个组织就是企业。保企业就是保老百姓的生存。我们做任何事情都不能伤害企业的利益。互生最大的好处就是在解决了消费者想消费、敢消费和有钱消费的前提下保住企业，让我们的企业做大市场蛋糕，增加营业收益，实现持续盈利。这才是互生最关键的地方。

主持人：你能不能用简单的语言来描述一下互生平台到底是一个什么东西？

社区物业管理升级与服务业个性融合发展新路径

何院长： 互生平台是一个完整的社会问题解决方案。它就是这套解决方案的一个技术支持。它把消费者涉及生老病死的一些问题通过消费就能解决，并将这些问题融入这套系统的消费行为当中。它把企业正常的经营、规范的经营，也融入这个系统当中，让其与消费者之间建立互生互利的关系。通过消费者的消费，通过这套系统，把消费者的心，把消费者的消费行为，把消费者捡回来的积分，把这三样东西形成一个资本，把这个资本变成一股生产力，再进入企业形成股权，最终实现让企业的股权结构里面有消费者的利益。对企业来说，我给你提供电商平台，提供网下的资源平台，提供技术支持，让你用最省钱的方式与消费者建立互利关系。我们给你提供这两个平台。所以使用系统平台的过程中，我把游戏规则、分配模式、盈利模式都镶嵌在系统里，让你用的时候很多问题就能自动化地解决。

主持人： 能不能这样理解，这更像是一个消费者跟商家之间这种消费行为的数据中心，或说数据处理和使用中心？

何院长： 也可以这样说。我们每个消费者家里都是出钱的管道。你看水费、电费、煤气费，都是出去的，有没有一个管道是进钱的呢？没有。如果你用了互生系统之后，拿了互生卡（消费福利卡）去消费，把积分捡回来，你就进钱了。那么企业呢？我也给你一个持续盈利的管道系统，你只要去造福消费者，企业造福消费者越多，消费者给企业带来的回报就越大。我提供的就是这么个解决方案，是技术支持的解决方案，我没有产品，所有的产品都是企业自己的。

主持人： 互生在企业的服务公司挑选问题上的标准是什么？

何院长： 这个有点严格。服务公司是我们的第三方服务机构，是设了限额的。所谓设限额是按人口来设置的。做这个事情不是一次性买卖。互生是一个终生的持续的服务机构，要求你不仅为赚钱而来，还要为了帮助企业和帮助消费者，并且服务到底。这是一个百年经营、长期经营的机构，要有点责任感才行。不仅是经济实力，还有责任感。

主持人： 责任感指的是社会责任感。

社区物业管理升级与服务业个性融合发展新路径

何院长：不仅是自身企业的责任感，而且是对服务的对象和造福的老百姓。对下要造福老百姓，对上要对得起国家，对得起社会。

主持人：这是一个基本条件。在这样的平台上，我们要选择合适的企业，也选择合适的消费者，然后就形成这样一个完整的系统。

何院长：对企业来说，只要去用就是了。企业在这个系统里解决问题的方法与传统的观念是不一样的。企业首先通过互生这个理念，通过使用这个系统，可以把恶性竞争变成良性循环，可以把市场蛋糕做大。过去打的是价格战，将来有可能打积分大战。积分大战虽然也有竞争，但给企业带来的结果是不一样的。价格大战带来的是全军覆没，所有的商家、生产者以及老百姓，没有一个是赢家。如果我们用积分大战的话，会出现什么情况呢？消费者得到积分越多，生存问题、医保问题、养老问题解决得越快，就形成良性循环。为了避免商家送积分出现恶性竞争，我们也对积分上限制定了限制规则。

主持人：恶性竞争的结果是失去消费者。

何院长：是的，最终受伤害的还是消费者。消费者会发现，我省钱买假货，最后是企业关门、工厂倒闭、老百姓下岗。

主持人：所以互生平台给企业提供的其实不仅仅是一个消费平台，更多的是一个健康的、有序的消费者群体。

何院长：而且是一个良性循环的平台。

主持人：对商家来说，我们平台最大的卖点是不是拥有一个很优质的消费群体？

何院长：还不光是。消费者的群体不光是优质的，更重要的是中国有13亿消费者。如何把13亿消费者全部调动起来，这才是最关键的。有钱人毕竟是少数，13亿消费者个个都消费起来，这才是最大的消费市场。互生要做的工作，不是眼睛盯着有钱的这群人，而是对所有的老百姓。不管你有没有钱，你只要消费时能把商家给的积分捡回来，这就是一颗种子，就可以给你带来持续收益。这样的话就可以把全

社区物业管理升级与服务业个性融合发展新路径

中国乃至全世界的老百姓调动起来，全部去推动消费。越消费生产就越兴旺，就能拉动内需，就能把市场蛋糕做大，就能让商家的生意好做，就能让经济进入良性循环。互生经济就是走这么一条道路。

主持人：你的理论当中把这个群体叫做什么？消费资源？

何院长：就是消费资源，整合起来就是消费资本。如果把消费资本和它的消费行为，以捡回来的积分等资源，推入到企业股权里就变成消费生产力了。而且这些资源是可以通过互生经济理论、互生系统平台进行转换的。

主持人：在这样一个全新的良性循环的生态圈当中，你觉得互生扮演的是什么角色？

何院长：桥梁。企业想到河的那边，消费者想到河的这边，想实现消费者是上帝，想实现买卖互利，互生就是这个互利的桥梁。为什么说互生是互利的桥梁呢？因为在这个过程中一定要有人扮演这个角色，要造福消费者，要帮助企业，那么钱从哪里来呢？我们举了很多简单的例子，见过很多平台，自己赚了钱是不是进自己的腰包？但互生不是的。互生搭建这个平台，把赚来的钱，一半分给消费者，一半分给做这件事情的企业和商家。把他们两者包起来，解决了互利问题。所以互生是利用自己的技术，把赚到的财富分给消费者，让他们互利，通过互生实现互利。

主持人：这部分资源，为什么以前没有人重视它呢？

何院长：不是没有人重视，而是我们的技术还达不到。

主持人：你说的这个技术是什么呢？

何院长：这个技术由很多方面支持的。一个方面是消费者的行为。消费者的思维是要立马见到利，立竿见影看到好处，才会相信。如果要消费者过几天，或者过半年才看到好处，消费者是不相信的。互生在这个时候才是时机，今天技术已经达到这个要求了。每个人的手上都有一台智能手机，加上云计算、大数据，再加上快捷的方式，消费者在捡到积分时一秒钟就到手上。系统还可以一秒钟就到达他的银行卡上，让消费者看得见、摸得着、感受得到，他才相信。当技术不到位的时候，好的东西你对他怎么说，他还是不相信的。现在看得见、摸得着、拿得到，而且眼见为实，这样他就相信了。相信才能普及。

主持人：所以现在推出是非常适时的，刚刚好。

何院长：而且还有一个问题是，企业在生意好做的时候是不考虑别人的。还有竞争空间时，他还在红海当中去竞争。走到今天大家发现，再这样下去就做不下去了，于是会回过头来思考，我们错了吗？消费者也会思考，我们的出路在哪里？大家都要停下来思考的时候，这时互生的出现恰到时机。

主持人：做一件事业的时候要讲究的是找到消费者的痛点，也就是这个产品的卖点。我相信这个卖点你已经找到了。但是在往前推进工作和事业的时候，你觉得你的痛点是什么？

何院长：对我来说，我没有痛点。只不过互生市场上遇到这样一个问题，消费者听完了之后说："哗，哪有这么好的东西，不相信。"这是我最大的痛点。为什么这么好，不是不接受而是太接受，他觉得太好了以致不敢相信这是真的。

主持人：那么你该做什么工作呢？

何院长：我也不做什么，就用事实说话。我对消费者说，是真的还是假的，反正你都没有损失，在你没有损失的前提下你去试一下就知道了。如果是真的，你就用吧；如果是假的，你扔掉便是了。要用事实说话，因为现在社会上假的东西太多，而且很多假的东西包装得非常漂亮，说得都非常好，所以一般消费者分不出真的假的。加上有些人可能恶意地做一些非常短期的眼见的利益，消费者被这些眼前的利益所困惑。就这样，互生市场会遇到消费者说太好了，是真是假难分辨的问题。其他痛点不存在。

主持人：所以有待时间去检验。

何院长：要付出一些努力啊！首先，报纸、电台等媒体，要从正能量方面去做一些宣传工作。其次，从企业家的角度做宣传工作。企业家、企业主、老板们，必须有一个观念，不能走恶性竞争的老路了，再走恶性竞争就死路一条。必须回过头来重新选择一条互生互利的道路。这是我要对企业家发出的声音。

主持人： 刚才你说了，互生是一直站在为消费者考虑的角度，那么你觉得企业家具备什么特质才称得上是合格的企业家？

何院长： 企业家，我相信一开始每个人并不是想到为社会。他首先是为他及他的家庭。当他担当起家庭责任的时候，他会为他的员工担当责任。再做大一点就要为国家担当责任。所以一开始应叫老板或商人。当他成为企业家的时候，他担当的应该是更多地为国家为社会做贡献。

主持人： 你说这个社会责任的定义应该是什么？

何院长： 比如说，你是个生产型企业，你生产的产品，在价格竞争面前，你要不要做假货。你有没有一个底线。如果一味地为企业赚钱，你就不择手段地做假货。你要不要做，如果你能考虑为国家为社会，你就不要做假货，就能守住你的底线。这是起码的。你作为一个经销商，为了恶劣的竞争，你要不要进假货。这个社会的底线都有的。如果只顾自己的利益，你就不择手段，根本不考虑社会的利益。那你可能赚钱就没底线，你只能算是个商人。你不但伤别人，而且伤自己。所以我还是觉得，作为一个企业家，应该有一个社会责任。

主持人： 30多年的事情，不断地研发，不断地实践，最后形成这套理论，时至今日，对你来说意味着什么？

何院长： 应该说我很高兴。能通过这个节目把我的心声说一说。其实，不管是做企业也好，做任何东西都好，30年对一个人来说不短的，特别对一个女人来说，那基本上是一辈子的精力全部落在这个方面。但能实现买卖相容，能造福老百姓，能帮到企业家，这就成功了，所以我还是觉得非常高兴。

主持人： 对于未来，你有什么打算？

何院长： 互生有一句话："创世界经济蓝海，造五洲和谐社会。"就是我们的胸怀。今天我们遇到的问题，比如说，科技发达了，自动化解放了大量生产力，贫富悬殊的问题不但是中国的问题，而且是全世界的问题。现在倡导地球村呀，解决问题不能只顾自己的家里,还要顾及全社会。我们希望互生这个理念能够在全球造福老百姓。这是我的心愿。

主持人：非常感谢你能来到我们演播室,跟我们分享你用30年的心血凝结出来的成果。希望这套理论能够早一些让每一个消费者都能感受到做上帝的感觉。

今天通过对何院长的采访,也让我们对未来消费者的权益保障充满信心。整合消费资源实现社会和谐,指日可待。感谢大家收看本期对话中国品牌,再见!

（2015年10月4日）

《中国经济网 财经对话》
对话中国经济新模式

郝红波

近日,中国经济网《财经对话》栏目有幸邀请到北京互生经济学研究院院长、深圳市互生科技有限公司董事长何开秀女士做客本栏目。

本期对话嘉宾:何开秀,中共党员,中国管理科学研究院学术委员会特约研究员,中国管理科学研究院行业发展研究所名誉所长,互生经济理论创始人,《互生经济学》著作人,互生经济创始人,互生经济模式核心技术发明人,互生经济模式解决方案总设计师,北京互生经济学研究院院长,深圳市互生科技有限公司董事长。其创立的深圳市互生科技有限公司在由亚洲品牌协会、商务部国际商报社、国家发改委中国经贸导刊杂志社,经济日报中国经济信息杂志社联合主办,亚洲品牌研究院权威评审的"2015影响中国品牌50强"评选中被评为"2015影响中国品牌50强"。

近年来,我国掀起了创业创新的大热潮,尤其是在国务院关于大力推进大众创业、万众创新的背景之下,可以说从中央到地方政府,都推出了一系列的优惠政策,来鼓励大家创业创新。日前,北京互生经济学研究院院长、深圳市互生科技有限公司董事长何开秀女士应邀做客中国经济网《财经对话》访谈栏目,结合她的一些创业经历,来跟大家一起谈谈创业创新以及消费模式的话题。

中国经济新模式为民营企业发展指明方向

何开秀女士刚刚受邀作为授课嘉宾参加了国家行政学院关于中国经济新模式战略部署专题研讨班,给大家进行授课。互生经济学进入这个研讨班,其目的就是围绕着国家方针和政策给出一些实实在在的解决办法。

研讨会上,各企业家都会对中国经济的发展,最关键是通过国家行政学院中国经济模式进行研讨,给大家一个信心。比如中国经济发展走到今天,到底有没有希望?国家提出了十三五规划,2020年要实现全民小康、供给侧改革,具体的实施方案在哪里?

"通过这个学习大家就知道,国家的政策和实施方案都有,这就是希望,就是信号。一定要让我们的企业家能够从中看到方针,看到政策,还拿到方法,接下来要做的就是去实施就行了。所以,目前市场上一些危机对我们来说,它不是危机,它是最大的商机。"何开秀表示。

不破不立,烂不是一件坏事,烂到一定程度的时候,一定会破而后立,立出一个新的东西,所以习主席说我们要走一条新路。什么叫走条新路,何开秀认为,这次在国家行政学院举行的中国经济新模式战略研讨班,就是告诉大家,国家在走一条新路,而且这条新路是一条金光大道,畅通无阻,只是我们老百姓不懂,好多企业家不相信。

"但是如果说今天能够通过国家行政学院这种方式传达出来,第一批企业家已经感受到了,方向有了,办法也有了,那我只有一个动作,那就去做嘛,所以这就是一个国家给的,通过这个培训的方式给到我们企业一个信号——大胆地向前走。"

企业才是发展经济的主体

"依赖政府和家里的啃老没有区别,我们要发展经济,不是要依赖政府,而是要依赖企业,企业才是发展经济的主体。政府是什么?政府是裁判,它不是发展经济的主体。"何开秀对中国经济网记者表示,归根到底还是企业的作用更为重要一些，发展经济必须抓住企业的核心。

但企业在经济转型的过程中也面临着困难。"政府已经把我们的问题挖出来了，而且解决办法也给到了，方向也给到了，关键一个问题就是我们的企业有些短板，这些短板他们没有办法去突破，所以政府怎么样去号召，企业还是缩手缩脚的，不敢往前走，其实现在的困难就在这里。"何开秀说。

何开秀认为，企业还是依赖，总希望依赖别人来拯救它，自己却不愿意迈出那关键的一步，它们想要政策，想要政府给政策，光想要钱，光想输血。你自己不生血，输再多的血也救不了你。"鸡蛋还是要从内而外地打破才算真正的重获新生。"

民营企业转型升级　实现持续发展

"什么叫走条新路，从另一个角度看就是老路走不通了肯定就修新路。"何开秀表示，中小企业要敢去正视困难，突破固有模式，实现转型升级。

在经济新形势下，民营企业如何实现转型升级呢？何开秀指出，首先要把思想放开，不能固守原有的东西，要与时俱进，第一个要掌握国家的宏观政策，要懂得大环境，你如果不懂大环境，就把握不准方向；第二个就是自身要提升，要把自己的心门打开，不要看到社会上有一些坑蒙拐骗的，就觉得全世界都是黑暗的，要具备识别能力；第三个要把贪婪之心收起来。为什么我们很多人上当，就是因为贪婪，想占小便宜，想不劳而获，想赚大钱，想一夜暴富。

"我们今天的中小企业、民营企业你能够看到这个趋势，能够认识到自己的不足，能够抓住这个时机和机遇，就能在这个转型期稳健实现转型升级。"何开秀对中国经济网记者表示。

互生"五众计划"让更多人实现免费创业

"这个五众计划其实就是实现供给侧改革的一套组合拳。国家提出了方针，那我们企业就要拿出办法。很多中小企业由于只思考自己的问题，不去考虑共性问题，所以拿不出办法。互生是立足于市场30多年一直在解决共性问题的平台，所

社区物业管理升级与服务业个性融合发展新路径

以互生系统平台提出来的是一个社会问题的解决方法，也就是共性问题的解决方法。"日前，北京互生经济学研究院院长、深圳市互生科技有限公司董事长何开秀女士做客中国经济网《财经对话》栏目时表示。

何开秀表示，国家的十三五规划、供给侧改革、"一带一路"倡议以及中国经济正处在转型期，给互生创造了一个非常好的机遇，互生的这套解决方法，比如说五众计划，就能够实实在在地顺应国家今天的方针和政策，给全国的中小企业一个看得见、摸得着、参与得了，而且不用花钱就能够平稳过渡的一套方案。具体来说，五众计划包括以下几个方面：

一是众创。就是指大众创业，万众创新。我们的创业不能只守着原来的模式，互生拿出了一套方案，把有能力的、想创业的、有资源的以及有钱的全部进行整合，你只要想干活我就给你平台，给你方法，给你技术，而且给你资金，你没人，我还给你团队，帮你打造团队，这样就形成一个创业的条件、创业的机制，以及创业的项目和扶持对象，这就是众创。

二是众包。众包就是补短板，是用大学生的长处去弥补我们传统实体企业的短处，用我们实体企业的长处来互补大学生创业的短处。为年轻的创业人员和这些传统的企业搭建一个平台，让你们双方来对接，你的电商经营由创业人员承包，没有卖出去你不用付钱，卖出去了你给他一点提成就行，为传统实体企业降低了电商运营成本。

三是众扶。简单地说就是帮助企业去库存，现在几乎所有的实体企业都想去库存，但是你自己去库存，怎么去消费者都不买。互生如何去帮助企业去库存呢？第一个是互生卡（消费福利卡），给消费者带来的刚性需求，这是价值，消费者需要互生卡（消费福利卡），这是消费者需要的，这个互生卡（消费福利卡）是免费送给老百姓的，第二个，我又帮消费者把企业家给到老百姓的好处，整合了5000元放在了这个卡里，放在卡里干什么？就是告诉消费者，你只要是帮我的实体企业去库存，哪怕你去消费100元钱，我都送你一张互生卡（消费福利卡），外加5000元的全国通用消费抵扣券。消费者就会发现，我消费100元就能够得到5000元，还到处都能通用，因为这个通用是商家签约时愿意让利给消费者的。通过消费者需要这5000元，需要这互生卡（消费福利卡）而去消费你的产品，达到了企业去库存的目的。

四是众筹。筹什么？筹人、筹资源、筹钱，也就是说有钱的出钱，有力的出力，有资源的出资源，我们把人力资源、货币资源、产品资源，以及能够组织的所有社会资源装在一起分流，拿出制度，有钱的怎么玩，没钱的怎么做，什么都没有的你怎么做，总之一句话，所有的人都可以参与进来，而且是没有一点风险的。

我们把贪婪之心收起来，按照规范化的运作去实施，现在互生拿出了托管系统，托管系统是可以锁定10000名消费者的，我们把这个托管系统拿来众筹，你一家企业发不出10000张卡，我可以组织10家、20家，甚至50家企业一起来帮助你发互生卡（消费福利卡），这就叫众筹。所以，这样一来，我发卡的工作就可以遍布全国，到那时就会发现，这个消费者既是你的股东，也是我的股东，企业与企业之间全部联合在一起，这就是我们的众筹计划。

五是众生。众生就是当全民持卡消费的时候，互生已经为老百姓的积分投资找到了一个很好的投资去处，至少可以保证一两年的积分投资收益可以达到100%，也就是说建议老百姓积分捡回来后不要把它兑成现金，把它拿去投资，今年的投资可以达到100%，那你捡一分投一分，投资一分我就给你分一块钱，这是第一年，第二年再分，第三年还分，但是具体能分多少要根据投资的收益情况而定，投资经济越好就分得越多，一年一年地下去，老百姓不是每年都有分红，岂不互利互生，天下众生了吗？

互生科技"五众计划"助力企业去库存

"互生系统平台是一个社会问题的解决方案，它在实施过程当中目的就是为企业、为消费者解决问题的，当然了，也是为政府分忧的。把这五众计划实施开来，尽可能帮助企业去库存，让经济发展进入良性的发展轨道。"何开秀表示。

社区物业管理升级与服务业个性融合发展新路径

何开秀指出，互生系统平台计划用两年时间，计划走完中国一、二、三线城市，通过互生卡（消费福利卡）给老百姓发5000元消费抵扣券的机会，把企业的产品最大限度地带出去，能带多少带多少，这是第一步。

第二步，企业把库存清空了，把钱收回来了，包袱减轻了。那就要换思想，要用最新的科技方式做我们最好的产品，千万不要做假冒伪劣品了，否则谁也救不了你，这是第一位的。

第三步，启动好产品战略。我们给你一个平台，但有个条件，你必须是信得过的产品，我们会给你一个非常先进的平台，让你的产品可以同时进入全国各地的营销网点，终端消费一步到位，解决你的流通环节，这是我们要实施的第三步计划。

第四步，就是要改造老百姓的消费观念。我们过去的消费叫恶意消费，以后要改变，改成健康消费。重塑消费观念、健康理念、长寿理念、文明理念、绿色理念，从源头抓起。所以我们会推出新派美食大派送项目，把健康的、透明的、信得过的产品大量地推给老百姓，让那些不健康的东西在老百姓面前消失，这是我们要做的第四个动作。

最后，也就是第五步，即互生进社区，不光是互生系统进社区，互生卡（消费福利卡）进社区，连将来的福利保障、医疗补贴等涉及民生的项目全方位地进社区，这就是互生的最后一个战略，叫互生进社区。

"互生的五众计划，其实就是配合国家的供给侧改革、补短板、拉动内需消费的实施计划，这是一套完整的组合拳的解决方案，因为这些问题是不能单个来解决的，单个是解决不了的，它一定要通过一套组合拳，一环扣一环，环环相扣地执行才能真正完成国家的战略计划。国家认为供给侧改革需要解决哪些问题，互生的整套方案就配合国家给出一套解决方法，国家给政策给方针，互生给方法。"何开秀对中国经济网记者表示。

(2016年4月12日)

社区物业管理升级与服务业个性融合发展新路径

《中国经济网 财经对话》
互生模式 重构市场经济新动力

郝红波

日前，北京互生经济学研究院院长、深圳市互生科技有限公司董事长何开秀做客中国经济网《财经对话》访谈节目，结合她的创业经历，和大家谈谈其关于创业市场环境和消费创新模式的看法。

创新创业要端正思想 立足于市场需求

"现在很多人创业创新，绞尽脑汁去想办法为了去吸引风投，就是为了去圈钱，其实用这种概念，是不健康的。如果用这种概念去创业的话，创不出好的产品，也创不出好的模式，反而会把人给带偏。"何开秀指出，创新和创业一定要立足于我们市场真正的需求，为市场的需求去提供解决方法。

在何开秀看来，"创业就要有一大批资金，然后就去烧钱"这种思想是错误的。她认为，创业就是寻找市场的需求，满足市场的需求，进而解决市场的问题。从产品、服务、管理、流通领域等方面去找，找到人们还没有发现的问题，再去找到解决办法，这才是好的创业方向。

互利互生 拉动消费

互生就是互生互利的一种商业模式平台。何开秀想通过互生这个平台搭建起消费者和企业的桥梁。"现在有些商家打的价格战，这个不能再打，如果再打下去的话，整个价值链被打死了，企业也给打垮了，老百姓也给打下岗了，还是越打越穷的。一定让消费者和商家之间建立一个共赢互利的平台,让生意越来越好做、越来越互利,让消费者越消费越有钱,让商家薄利多销,这是一个方向。"

何开秀讲道,互生平台送给消费者一张卡,让消费者拿这张卡去捡积分,捡的越多,积分分红就越多。随着时间推移,捡积分就拉动了消费。与此同时,企业家的生意也好做了,步入良性循环。积分还可以投资,累计达到一万分以上的时候,消费者能享受终身的免费医疗补贴,这样医疗问题解决了,生存问题解决了,养老问题也解决了。

"当我自己在做生意的时候我才发现,其实老板比老百姓还苦还累,要想造福老百姓,就得靠老板。可是谁来帮老板。解决老百姓的问题,得靠企业家。但是要想帮到企业家,又离不开老百姓。"何开秀表示,只有让企业和消费者互利互生,才能最终解决问题,这也是她创业的初衷。

通过"互生"解决消费者的后顾之忧

"我的工作有没有?我的收益有没有?我的养老有没有?我的医疗有没有?如果这些都有,有钱我就去消费。"何开秀表示,只有解决了消费者的这些后顾之忧,把消费者的忠诚度留下,才能把市场这个蛋糕做大,使企业和消费者双方互利,互生就是这样的平台。

何开秀指出,互生平台是就为企业盈利提供解决方案的,为消费者消费增值提供服务的。它是买卖互利的共享平台。消费者在互生平台上消费以后,可以换取积分,然后去投资,从第二年开始就保证年年分红,保本投资。

何开秀说,当你拿了这个卡去消费,捡积分的时候,消费拉动了,企业的生意就好做了。得的积分越多,积分投资越多,分红越多,那你的消费能力就越强,从而企业的生意就越好做了,促成了良性循环。

"当前很多商家通过打价格战的方式来竞争,这是一个不健全不健康的商业环境,到最后只能你死我死,大家死。而通过互生平台消费投资,才能你赢我赢大家赢。"何开秀认为,一定要拉动消费。消费者说我钱都没有,哪来的钱消费?所以要想让消费者想消费、有钱消费和敢消费,那就得解决消费者的后顾之忧。这又回到了良性循环的层面上。

互生让消费产生价值 实现三次分配

"对于生产销售型企业,老板投资,我去打工。你给我工钱,这是第一次分配。通过互生平台消费,可以获得返利积分,这就实现了二次分配。消费者再把积分拿去在平台上投资,就实现了三次分配。"何开秀表示。

互生系统平台做了一个动作,就是把天下消费者的积分都捡起来。"它就是一块资本,你一块我一块,13亿人你组织起来,一人一分就是13亿,加上有了货币,有了消费者、消费者的心,还有我们的技术,还有我们的商家联合起来,它就会形成一种生产力,这种生产力叫消费生产量,很厉害。"何开秀认为。

在何开秀看来,消费是买卖互利,积分是买卖互利,通过买卖环节。没有增加成本,只不过在买卖成交环节,给消费者返利,达到了薄利多销的效果。

民心资本让双方互利 实现持续发展

"只是赚多和赚少的问题,赚一块和九毛,对企业来说没有任何损失,但对消费者来说就不一样了,把赚到的积分拿去投资,通过资源整合,形成一个强化的消费资本力量,进而转换成生产力。"何开秀对中国经济网记者表示。

何开秀举例说,有两瓶水,一瓶水是没有消费者投资的,另一瓶水是有消费者投资的。你作为消费者会去买谁的水呢?是不是就会买有我投资的那个水?如果消费者的积分都投到这个品牌,这个品牌的生意是不是就好做了,这就叫民心资本。"一旦产品掌握了民心资本,它就赢了。"

"我一消费就有分红,有分红我就越消费,拉动了内需,企业家生意好做了。"何开秀认为,这是个资本良性循环,人一出生就注定要消费,代代延续,互生就实现了持续发展,使消费者终身受益,成为消费者的终身福利。

互生福利老百姓 化解贫富差距

社区物业管理升级与服务业个性融合发展新路径

几千年来,买卖都是不相容的。过去因为科技没有这么发达,所有的劳动都是依靠老百姓的劳动,所以老百姓有赚钱的渠道,贫富差距不明显。现在科技发达了,生产自动化了,很多不需要工人生产了,贫富差距就越来越明显。那怎么来解决呢?何开秀表示,一定要用一种新的分配模式,来化解贫富差距这个社会问题。

互生就是这样的新分配模式。互生是为企业解决持续盈利,为消费者解决生老病死,解决收益,用经济手段解决社会问题的平台。"所以它不是单纯的一个买卖平台。"何开秀告诉中国经济网记者。

何开秀表示,贫富差距是一个全球的问题,不光是中国,发达国家、贫穷国家也遇到这个问题。所以在这个问题上,都需要去突破。而互生的这种解决方法,能够帮到我们国家,当然也能帮到发达国家、贫穷国家,所以它有一整套的全球的实施计划和实施方案。

"希望互生能够造福老百姓,帮到所有的企业,能够把生意搞好,把经济搞活,给老百姓带来巨大的福利。"何开秀说。

(2016年5月6日)

人民网

"互生"为大众创业、万众创新提供新动能

随着科技的迅猛发展,日新月异的互联网技术深刻地改变着人们的生产方式和生活方式。中国企业尤其是中小企业的发展受到了巨大冲击,普遍感到生存空间越来越小,社会就业压力越来越大,老百姓赚钱越来越难。在这种经济环境下,中国经济的模式必须要走创新发展之路。

互生经济模式重构市场经济新动力

《互生经济学》由中国管理科学研究院行业发展研究所名誉所长、北京互生经济学研究院院长何开秀用30年的时间研究完成。这一经济理论描述的不仅是一种新兴经济理论、一个企业新的盈利模式、一个消费增值实现方式,更是一个社会问题的解决方案。基于互生经济学理论的"互生系统平台"是企业持续盈利的系统性解决方案,更是消费者消费增值、含权持股及实现医保、社保的辅佐工具,是政府社保、医保的强有力市场化补充。随着互生经济理论的逐步发展和深化,以及在全社会的普及、全民持卡消费积分的实现,诸多民生问题如养老资金短缺问题、医疗费用不能100%报销问题、企业不能持续稳定收益与长期发展问题、社会治安综合治理大数据系统性不足问题、老百姓低保生存资金缺乏问题、市场经济发展的不平衡问题、剩余价值的不能合理分配问题、个人和企业的信用问题、国家政务管理问题等,都能得到程度不同的解决。

互生经济模式打破了买卖的不兼容,实现了买方、卖方和国家等多方互利的新

经济模式。为国家探索建立经济新常态、构建和完善社会保障新机制提供了社会问题解决方案和新思路。运用互生经济模式，可以重构市场经济的新动力，建立和谐循环的经济体制，推动社会和谐发展。《中国改革报》等媒体报道说，互生系统不仅是一个商业操作系统，更是一个现代商业法则。互生不只是一个企业、一个商业模式，更为国家探索建立新常态下良性循环经济机制提供了社会问题解决方案和经济新路径。

互生"五众计划"助力大众创业、万众创新

2016年4月，深圳市互生科技有限公司结合国内外形势和国家经济战略，为"大众创业、万众创新"探索出了一套符合实际需求的应用解决方案，这套解决方案以中国经济新模式"五众计划"的组合拳方式推出。包含：众创、众包、众扶、众筹、众生。众创：通过互生系统的落地掀起大众免费创业计划，众包：传统企业电商进入分工承包计划，众扶：发互生卡（消费福利卡）促销去库存、帮扶库存企业，众筹：众筹发互生卡（消费福利卡），惠民扶商、拉动消费，众生：实现企业与消费者互生、社会共赢。5月，为促使"五众计划"更快更有效地实施开展，互生系统平台开始在全国全行业海选"互生托管项目孵化指导师"，以执行互生系统的落地和推广。互生系统平台还为需要创业的"中国经济新模式·互生托管创业孵化指导师"，提供平台、项目、技术、前期启动资金等全方位的支持。

实现大众创业、万众创新的"众创"计划，是互生系统平台要给中国13亿消费者送上一张互生卡（消费福利卡）和5000元消费抵用券，需要大量的组织者、创业者、参与置换发卡活动的企业和参与积分活动的企业。为了把消费红利分享给参与发卡者，互生把消费者资源按照一万人为一个"托管项目"的模式进行创业孵化，发卡一万张就算孵化成功一个企业，再成立托管公司来服务后续的利益分配。凡是参与组织、创业推广和促销置换发卡的企业都将获得发卡托管的股权收益。通过免费为消费者发放互生卡（消费福利卡）的置换来调动需要创业的年轻人参与到互生的落地计划之中，通过互生的落地实现创业人员"免费创业成功"的计划。

社区物业管理升级与服务业个性融合发展新路径

助力中小企业促销去库存并实现持续盈利的"众扶"计划，是利用互生卡（消费福利卡）为消费者创造的价值和签约预存的5000元消费抵扣券的全国在线、线下通用来吸引消费者要卡而带来的消费，达到促销"去库存"。只要企业通过使用互生系统并免费发卡给消费者，在为企业吸引顾客上门消费的同时，通过互生卡（消费福利卡）把顾客的终身消费锁定，实现企业与消费者终身互利，企业发卡越多，收益越大，企业给消费者积分越多，消费者的收益越大，消费购买力就越强，企业收益也越大。互生不仅仅为企业实现降低经营成本、增加盈利点，还帮助企业锁定消费者的终身消费，实现企业持续盈利的同时还解决了消费者的收益来源和后顾之忧，培育了消费市场的购买力。"众扶"计划，一方面为消费者提供了生、老、病、医保障的解决路径，另一方面在帮助企业促销去库存的同时还为企业培育了未来的市场购买力。

帮扶中小企业补电商短板的"众包"计划，是利用互生系统平台托管公司的创业团队，调动年轻的创业人员，主要是大学生承包企业电商业务，以此来弥补传统中小企业电商操作困难的问题，为传统企业与创业者提供互补短板、共同成就的电商平台。大学生"众包"企业电商并进行服务，消费者在网上进行消费，实体企业在网下负责配送和提供售后服务，消费者在网上购物实现企业网上交易后，企业给创业电商众包者提成3%~5%。创业者"众包"企业的电商不仅为企业补了短板，还节省了人力。具体来讲，就是用大学生精通互联网和电商运营的长处去弥补传统实体企业的短处，用实体企业有产品，并能提供产品售后服务的长处来互补大学生创业缺资金、缺产品的短处。给年轻的创业人员和一些传统的企业提供对接平台，让企业和创业大学生进行对接，传统企业的电商由创业大学生来承包，商品没有卖出去商家不付钱，卖出去了商家给大学生创业者一点点提成，为实体企业降低了成本。

盘活闲置资源的"众筹"计划，不单指筹钱，主要是筹人和筹资源。利用互生卡（消费福利卡）的托管项目股权来与企业置换，把企业的促销折扣置换成托管股权，把闲置的办公室资源、广告资源、产品资源等置换成股权。盘活闲置资源是互生"众筹"的目的。

实现全民持股的"众生"计划，就是实现消费者全民持卡后，企业与消费者实现互生互利而共赢。企业给消费者积分，是为企业的来年收益播种，没有消费者收益，就不会有企业的生意，没有企业的生意，就没有老百姓的安定生活，两者关系是一体的，谁也离不开谁。消费者积分投资将实现全民持股奔小康。

通过"五众计划"不但可以助力大众创业、万众创新，还可以实现企业去库存、拉内需、扶商补短板，完成转型升级并实现企业持续盈利和持续发展的良性循环，重构市场经济秩序。

（2016年10月10日）

央广网
何开秀：创新管理模式　引领经济转型

近日，由中国管理科学研究院主办，企业管理创新研究所承办的第九届中国管理科学大会在京西宾馆隆重举行。来自全国各地 500 多位管理专家学者、企业家等出席了大会，大会开幕式由京 WORK－北京码头创始人、中国管理科学研究院企业管理创新研究所所长陈贵主持。

在为期两天的会议中，中国管理科学研究院副院长兼秘书长于国厚，中国国际经济交流中心副理事长、商务部原副部长魏建国，国资委原国有重点大型企业监事会主席解思忠，中国管理科学研究院常务副院长、学术委员会常务副主任、著名管理学家卢继传，中国工程院院士、中国科学院计算技术研究所研究员、中国电子学会云计算专委会和物联网专委会副主任倪光南、中国危机管理切割理论与以危化危理论创始人、北京大学危机管理课题组组长艾学蛟、中国经济体制改革研究会副会长孔泾源、中共中央党校经济学部主任韩保江、中国信息协会副会长、国家信息中心原副主任胡小明等 30 多位专家学者、企业家分别作了精彩的报告。

深圳市互生科技有限公司董事长何开秀作为企业家代表作了题为《创新管理模式、引领经济转型》的报告，引起了与会领导专家的广泛共鸣。现将何开秀董事长演讲全文刊登如下。

创新管理模式　引领经济转型
——何开秀在第九届中国管理科学大会上的演讲

尊敬的各位来宾，在座的各位朋友：大家好！

首先感谢中国管理科学大会给我这样一个机会站在这里向大会致辞。深圳互生科技公司作为一个科技型企业能来参加这样的盛会，我们感到十分的荣幸和自豪。在此，我谨代表深圳互生科技公司，对第九届中国管理科学大会的隆重举行表示热烈的祝贺！

经过30多年的持续高速增长后，中国经济发展正处于新旧动能接续转换、经济转型升级的关键时期，新技术、新业态、新经济在快速增长。同时，低迷与繁荣、萧条与泡沫并存。面对这种复杂的局面，该怎么办？要怎么解决？面对经济新常态，该如何实现经济转型升级，彻底打破传统的买卖不相容经济模式，建立新型的、互利的、循环创新经济模式？

在国家提出"大众创业，万众创新"的当下，今天我要告诉大家，中国管理科学研究院已经推出了一种新的解决方案，就是互生"五众计划"。互生系统平台推出的"五众"计划是根据国家去库存、补短板、降成本、去产能、去杠杆的"供给侧改革"策略而推出的一套组合拳解决方案。"五众"即众创、众包、众扶、众筹和众生。

互生"五众"计划，运用互生系统和互生卡（消费福利卡）能给企业和消费者带来持续收益和福利保障的特点，不仅能够解决中小企业发展与转型的问题，还能够帮

社区物业管理升级与服务业个性融合发展新路径

助消费者实现消费增值，从而实现企业与消费者之间的利益相连、生生相息、和谐互利。随着互生"五众"计划的深入实施，实现企业的持续盈利，实现大众创业与分享消费红利，让消费者想消费、敢消费，并且在消费的过程中实现生老病的保障。

互生系统平台是以互生经济理论为基础，应用互联网络的技术支持，建立的一个互利共享平台，互生系统是企业创新型商业模式的应用工具，是通过市场机制来解决社会经济发展遇到的问题，互生卡（消费福利卡）是消费者通过持卡去互生系统的使用企业消费时捡积分的工具，消费者通过消费捡积分就能建立自主的生存、养老、免费医疗补贴计划的社会化保障平台。而互生科技是互生系统平台的运营机构。要实现互生计划就需要企业使用互生系统，需要消费者使用互生卡（消费福利卡），为了快速普及互生系统的使用和互生卡（消费福利卡）的发放工作，互生了推出"五众"计划。

互生系统是一个社会问题的解决方案，它的实施目的就是为企业、为老百姓解决问题，也是为政府去分忧解难的。

目前，互生的落地工作已经全面展开，全国各地的宣传活动正在紧锣密鼓推进。由于各地政府和企业对互生的认知度有限，对于新事物的认识与接受需要一个过程，因而还没有达到快速普及的程度。鉴于此，互生"五众"实施计划的全面推广应用和落地，还需要各地方政府给予大力支持。一是希望各地方相关政府及部门人员能认真学习，加深对该系统平台原理、功能及价值等的了解，二是希望各地方政府及相关部门，帮助我们的第三方服务公司、互生创业孵化人员做好与当地大商圈、大卖场、商业街、大学城等渠道资源的沟通与对接，并在其他相关方面给予支持。

希望我们各地的政府、企业，以及消费者换一种思维模式，不要仅停留在过去的买卖竞争的思维模式上去寻求突破，要用一种崭新的眼光接受新兴的事物！欢迎大家来了解互生经济，学习互生，使用互生，以我们的系统为技术支撑，创新经济、帮助企业、造福于民！

（2016年7月10日）

后 记

《社区物业管理升级与服务业个性融合发展新路径》一书付梓，参加本书编写的北京互生经济学研究院社区物业管理升级与服务业发展课题组，对社区物业管理与社区服务的升级实施方案和模式应用问题，从2016年就开始深入市场进行有针对性的调查研究，取得了阶段性的成果。

和睦社区网络科技股份有限公司以这本书为理论指导，以国家分享经济实施平台大数据为技术支持，以消费积分福利保障为模式，推出并实施物业管理与社区服务的升级实施方案项目，旨在提升社区物业管理水平，推进社区物业管理全面升级。

《社区物业管理升级与服务业个性融合发展新路径》参照了《中共中央国务院关于加强和完善城乡社区治理的意见》，住房城乡建设部印发的《住房城乡建设事业"十三五"规划纲要》，结合民政部《城乡社区服务体系建设规划（2016—2020年）》，围绕社区的物业升级与社区服务业的新融合发展等焦点，从理论探讨到联系实际，是一套非常具有可操作性的解决方案，对正在寻找物业管理升级解决办法的物业管理公司、房地产企业等机构，可以起到很好的帮助作用。

在我们编写的这本书里，把一些媒体报道附在了后面，这些报道都是相关解决办法在市场应用上获得的成果和认可，让读者认识到社区物业管理升级与服务业个

社区物业管理升级与服务业个性融合发展新路径

性融合发展新路径不仅有解决办法,还有已经实现且具有公信力的市场成果。

虽然参与编写的课题组人员为提高本书质量、保证及时出书克服了许多困难,作出了很大努力,但是缺点和不足仍是难免的。

真诚地欢迎读者、同行和有关专家提出意见和建议,以使我们改进工作,不断丰富和完善社区物业管理升级与服务业个性融合发展的方案。

北京互生经济学研究院课题研究办公室

社区物业管理升级与服务业发展课题组

2018 年 12 月 25 日